Kuppelrain

Jörg Trafoier & Sonya Egger

Kreativ kochen in Südtirol

Mit Beiträgen von
Gianni Bodini, Sebastian Marseiler und Stefano Tesi

Edition RÆTIA

Text
Sonya Egger

Lektorat
Hansjörg Stecher

Fotos
Udo Bernhart, Gianni Bodini, David Duzzi, Ennio Calice

Layout
Marco Sonna, Edoardo Avi

Druck
Athesiadruck, Bozen

ISBN 978-88-7283-367-4

www.raetia.com

Eine Hommage an den Vintschgau

Inhaltsverzeichnis

Die Rezeptangaben beziehen sich, falls nicht anders angegeben, immer auf 4 Portionen.

Mahnmal und Südtiroler Wahrzeichen – der Kirchturm von Alt-Graun,
im Hintergrund die majestätische Gletscherkulisse des Ortlermassivs

Der Duft der Ursprünglichkeit

Vorweg: Der Vintschgau entzieht sich einer üblichen Südtiroler Landesbeschreibung. Dazu ist die Landschaft viel zu eigenwillig. Eigenwillig wie die Leute, die darin wohnen.
Es ist eine Landschaft der großen Linien, der Weite, des Lichts. Künstler schwärmen von diesem Licht, das sie in derselben Intensität erst wieder weit im Süden, in der Provence, zu finden glauben.
Dieses Licht springt dich an, wenn sich dir auf der Malser Haide ein Szenario auftut, das seinesgleichen sucht: rechts das intensive Blau des Sees und vor dir die majestätische Gletscherkulisse des Ortlermassivs. Wen wundert's da: Kein Geringerer als der große italienische Dichter und Humanist Francesco Petrarca hielt auf seiner Durchreise nach Frankreich auf der Malser Haide inne, „per ammirare il purissimo e maestoso spettacolo delle Alpi", um „das reinste und majestätische Schauspiel der Alpen zu bewundern".
Und da stehen sie im gleißenden Licht ihrer Eispanzer: Ortler, Zebrù, König, Cevedale.

Dieses Licht begegnet uns wieder und wieder, in satten Tönen und in feinsten Nuancierungen. In den intensiven Farben der Früchte, im roten Wängelchen auf dem Golden Delicious (nirgendwo sonst in Südtirol bekommt dieser, ach ja, Allerweltsapfel eine so schöne Färbung), im prallen Gelb der Palabirne; und die heimliche Prinzessin der Vintschger, die Marille, kommt mit einem dezenten Wangenrouge daher.
Das Vintschger Licht strahlt aus dem Himmelsblau des Lapislazuli in der Krypta von Marienberg genauso wie auf dem Spiegel verschwiegener Bergseen, bricht sich im Eisengrau der Churburger Rüstungen, verschmilzt zu einem Endlosband aus wolligem Weiß, wenn dreitausend Schafe über den Gletscher ziehen, es spielt in Schattenspielen Verstecken mit dem Wasser der Waale, leuchtet auf im kristallinen Weiß des Laaser Marmors.
Schönheiten, die entdeckt sein wollen. Das Tal verschenkt nichts.
Es verschenkte nie etwas. Oft war es so, dass das

Tal seine Bewohner nicht ernähren konnte. Und dann musste sich so ein armer Schlucker etwas einfallen lassen. „Korrner“ nannte man ihn und seinesgleichen, wenn er sich als Karrenzieher, Warenhändler und Korbflechter schlecht&recht&wacker durch ein unsesshaftes Leben schlug.

Not macht erfinderisch: Am Gardasee beispielsweise kauften die „Korrner“ Zitronen (die dort ihr nördlichstes Vorkommen in Europa hatten) und verkauften sie draußen in Bayern und Schwaben. Auch wenn oft wenig im Teller war: Die Vintschger schauten immer über den Tellerrand, um beim Bild zu bleiben.

Dazu kommt – kaum dass ein kleiner Vintschger/eine kleine Vintschgerin das Licht der Welt erblickt, muss er/sie sich schon vom ersten Atemzug an den Wind um die Nase wehen lassen.

Am Anfang ist's nur der ewige Vintschger Wind, später im Leben sind es dann geistige Unruhe und Fernweh und Aufbruch zu neuen Horizonten.

Dass der Vintschgau eine „ausgesprochene Intelligenzlandschaft“ sei, wie von berufener Stelle behauptet wird, darauf wollen wir uns nicht versteifen, aber eine Künstlerlandschaft ist er allemal. Und damit sind wir im Kuppelrain. 1906 wird das Gasthaus eröffnet, und ab da kehren regelmäßig Künstler ein, ein Robert du Parc, ein Hans Ebensperger, ein Alois Kuperion, ein Anton Frühauf, ein Karl Plattner – jeder (s)ein eigener Kopf und unverwechselbar in seinem Stil. Schon da war das Kuppelrain mehr als ein Dorfgasthaus.

Essen im Vintschgau? Der Mann aus dem Eis (ist zwar ein Schnalser, wenn's stimmt) wird immer wieder neu nicht nur auf Herz und Nieren geprüft, sondern auch auf seine letzte Mahlzeit. Und die bestand aus Getreide und Rotwild – Dinge, die nach wie vor auf den Tisch kommen. Der Vintschgau hieß einmal die Kornkammer Tirols, und die wogenden Roggenfelder des Tals gehören zu den unauslöschlichen Bildern der älteren Generation. Die Bauern von Allitz tauschten ihren Roggen eins zu eins mit Wein im Südtiroler

Überetsch – von wo sie mit kapitalen Räuschen wieder heimfuhren.
Wenn heute Roggenbrot aus Allitz oder Kortsch im Kuppelrain auf den Tisch kommt, weht mit ihm der Duft unverwechselbarer Ursprünglichkeit herein, der Duft von sonnenversengten „Leiten“, von uralter Ackererde, von harzigem Lärchenholz im Ofenfeuer; ein Duft, der sehr selten geworden ist in Zeiten standardisierten Allerweltsgeschmacks.
Und Rotwild im Vintschgau? Ein delikates Thema. Äußerst delikat das Fleisch – kein Wunder bei diesen Äsungsplätzen. Delikat aber auch darüber zu reden. „Wildern“ war lange Zeit Dauerthema im Vintschgau. Da sollen in bestimmten Dörfern sich die Hirsche reihenweise „derkugelt“ haben und in die Bratpfanne gefallen sein. (Eine alte Bäuerin sagte einmal zum Jagdaufseher: „Was willst du denn, du hast die Viecher nicht gefüttert und nicht gestriegelt.“) Die Wilderei hat sich gelegt, die Abschüsse sind geregelt, und für neue Aufregung sorgt jemand anderer: der Bär.

Ein kleiner Exkurs ist notwendig. Das Kloster Marienberg beherbergte im 18. Jahrhundert Sprösslinge aus gutem italienischem Hause, die vier Jahre lang Deutsch lernten, das sie in ihrer späteren Karriere brauchten. Einer von ihnen war Giacomo Gotfredo Ferrari, Sohn eines reichen Seidenfabrikanten aus Rovereto, der als Gesangslehrer und Komponist nach Paris ging und es bis zum „Akkompagnisten“ der Königin Marie Antoinette brachte. Hören wir, was die Klosterküche ihren Zöglingen so alles auf den Tisch stellte: „Jeden Tag um sieben Uhr morgens war Frühstück. An Fleischtagen erhielt man Brotsuppe und Fleischbrühe. Das Fleisch stammte von Gämsen oder Hirschen. Zu Mittag dieselbe Art Brühe mit Fleisch oder Saucen von Hasen, Feldhasen, den verschiedensten Arten von Vögeln, wie auch von Murmeltier. (...) Braten gab es von allerlei Wild, vom Rebhuhn bis zum Hirschen. (...) An Fasttagen (...): eine Suppe mit Grünzeug, Gerste oder Hafer, ‚Canedlen‘ oder Klöße mit Butter und frischen

Eiern zubereitet, ‚Nudler', eine Art Maccheroni, ebenfalls mit Butter geschmälzt, Eier, Gewürze, Pasteten aller Art, verschiedene Arten Süßwasserfische."
Wie man sieht, begegnen uns da alte Bekannte der typischen Vintschger Küche: die Brotsuppe, die „Gerscht", die Knödel. Was Ferrari als Gericht aber noch anführt, ist absolut einmalig: „Bärenknie, das mit süßsaurer Tunke ein ausgezeichnetes Gericht darstellt." Sagten wir es doch: Die Vintschger sind Künstler. Auch am Herd.
Nachsatz: In letzter Zeit streift ein Bär, aus dem Trentino kommend, hin und wieder durch den Vintschgau. Ein Feinschmecker, klänge es nicht makaber, dem es die Schafe angetan haben. Wenn Meister Petz unvorsichtig genug ist, sich nach Bayern durchzuschlagen, landet er ausgestopft im Museum; bei uns wird er eingefangen und eingesperrt. Nix da mit „Bärenknie in süßsauer Tunke".
Bewirten hat Tradition im Vintschgau. Die Waren der durchreisenden Händler wurden von der einheimischen Bevölkerung in Etappen weitertransportiert (Rodfuhr), und die Reisenden in den Dörfern, wie zum Beispiel in Tartsch, wurden reihum verpflegt. Und da musste sich eine Bäuerin/Wirtin dann wohl etwas einfallen lassen für den „gusto fine" eines venezianischen Signore. Und vielleicht brachte der „Siòr" ihr das eine oder andere Rezept bei oder ließ sie, wenn sie hübsch war, vom mitgebrachten Rosolio nippen.
Immer wieder begegnet man in den Dorfordnungen des Vintschgaus auf detaillierte Bestimmungen für die Wirtshäuser und den Ausschank von Wein.
Es kursieren ehrabschneiderische Witze über bestimmte Vintschger Weine: Man müsse sie vor dem Lachen trinken, danach könne man es nicht mehr, oder betitelte sie als „blitzsaure Hemetzipfleiniziacher". Was aber ihrem Konsum keinen Abbruch tat. Da schrieb man dem Schulmeister in Latsch in sein „Aufgabenheft", er solle während des Unterrichts im Schulhaus bleiben und nicht

ins Gasthaus gehen. So nachzulesen in der Latscher Dorfordnung von 1606.
Hans Sinkmoser, Schlossherr auf Juval, ließ den sinnigen Spruch anbringen: „Gott schenkt uns für große Erdenpein / ein guetes Weib und gueten Wein." Dem ist – zum Thema Wein – nichts hinzuzufügen: Heute reifen im Vintschgau Tropfen heran, die es in die Top-Riegen nationaler und internationaler Weinverkostungen schaffen. Sie sind das Ergebnis wagemutiger und innovativer Winzer, (die immer an sich glaubten), mineralreicher Böden und eines eigenwilligen, kontrastreichen Klimas mit starker Sonne und kühlen Nächten. Wo Kontraste sind, entsteht Charakter: „‚Die Lauen spucke ich aus', sagt der Herr." So steht es schon in der Bibel.
Eine poetische Klaviatur der Süßen sind die Nachspeisen im Kuppelrain. Kommen daher in den unverwechselbaren Düften des Tales. Unter ihnen die heimliche Prinzessin: die Marille. Die Schöpfungsgeschichte der Bibel müsste man für den Vintschgau neu schreiben. Denn im Vintschgau hätte die Eva im Paradies den Adam nie und nimmer mit einem „kropfeten" (sorry!) Apfel herumgekriegt, sondern einzig und allein mit einer echten Vintschger Marille.
Sonya und Jörg sind Kinder ihres Tals. Und als solche Künstler. Mit echt Vintschger Querköpfigkeit haben sie immer an sich geglaubt, sind mutig neue Wege gegangen. Ihre Rezepte sind kompositorische Kunstwerke der Ursprünglichkeit, das Bodenständige immer veredelt mit einer Prise Wagemut und/oder einem Hauch von Fernweh. Schön, dass sie ihre Leidenschaft und Freude am Kochen in diesem Rezeptbuch mit uns teilen wollen.

Sebastian Marseiler

Die Kuppelrainer
Kevin, Sonya, Nesthäkchen Giulya, Nathalie und Jörg

Kuppelrain

Ich weiß gar nicht, wie viele Jahre ich Sonya und Jörg Trafoier schon kenne, mittlerweile ist es so, als ob wir uns eine Ewigkeit kennen würden. Ihre Geschichte und die ihres außergewöhnlichen Restaurants, des Kuppelrain, sind mannigfaltig mit meiner eigenen verwoben, fast als ob ein unsichtbarer Faden mich, sie und dieses wunderbare Schloss im Vintschgau mit dem schönen Namen Kastelbell zusammenhielte.

Von alledem habe ich schon andere Male geschrieben. Wovon ich hingegen nie berichtet habe, sind die Jahreszeiten der Freundschaft, die meine Frau Daniela und ich im Laufe dieser schnelllebigen Zeit mit der Familie Trafoier durchlebt haben. Ja, auch der Mensch und mit ihm die Restaurants haben ihre Jahreszeiten.

Und deswegen will ich erzählen, wie schön es war, Seite an Seite mit den Freunden vom Kuppelrain zu gehen, ihre Hoffnungen und ihre Gemütszustände zu teilen. Ein langsames Fortschreiten zu verfolgen, das aus kleinen Schritten und sich überschneidenden Generationen bestand, aus Momenten des Stillstands und des Wiederaufnehmens, Jahr für Jahr, Menü für Menü. Insbesondere war es schön, das Aufblühen und die Festigung des Kochtalents von Jörg zu erleben und Sonyas bestrebte Hand, die von dem Willen beseelt war, eine erfolgreiche Familien- und Unternehmensgeschichte zu gestalten, ohne dabei jemals in Überheblichkeit oder Eitelkeit zu verfallen. Ebenso erfreulich war es, Kevin und Nathalie heranwachsen zu sehen, bis sie dann, noch etwas schüchtern, an der Schwelle zum Erwachsensein standen; ihre kleine Schwester Giulya kam dazu.

Ganz allmählich, und fast als Aufblende, erfasste das Weitwinkelobjektiv der Erinnerung die wechselnden Bilder an den Wänden, das nach verschiedenen Eingriffen immer schmucker werdende Gastlokal, die sich verändernde Kundschaft. Jedes Mal war es ein kleiner Schritt, jedoch stets nach vorn gerichtet. Den Hintergrund dazu bildeten die zuversichtlich stimmenden, aber nie zur Schau gestellten Zeichen des wachsenden Erfolgs: die Sterne, die Prämien, die Anerkennungen, die Kuppelrain-Tourneen in ganz Italien und im Ausland.

In dieser ganzen Zeit hat sich keine der vielen neuen Errungenschaften in Gewohnheit verwandelt, auch wenn dabei der Umstand zuhilfe kam, dass die Distanz allzu häufige Besuche meinerseits verhindert hat. Nichts war jemals vorhersagbar oder vorhersehbar. Und so hat sich jeder Besuch in Kastelbell in eine erfreuliche Entdeckungsreise, eine aufmerksame Neubetrachtung verwandelt.
Es ist wirklich schwierig, das dürfen Sie mir glauben, den Beruf des Journalisten auszuüben, der zugleich ein Freund ist, oder auch den des Freundes, der zugleich Journalist ist. Immer schwebt man zwischen objektiver Strenge und Bewunderung, zwischen der Pflicht zur aufrichtigen Berichterstattung und den Geboten der Höflichkeit. Zwischen Verlegenheit und Wahrheitstreue.
Bei den Trafoiers jedoch kam ich – Gott sei Dank – nie in die Verlegenheit, mich mit Dialektik und Diplomatie durchlavieren zu müssen. Auch dafür bin ich ihnen dankbar. Dies zum einen, weil sie mich nie enttäuscht haben, weder von der menschlichen Seite noch unter fachlichen Gesichtspunkten. Und das will etwas heißen! Zum Zweiten, weil sie nie etwas getan haben, um sich mir gefällig zu erweisen, außer dass sie mich an ihrer ansteckenden Spontaneität teilnehmen ließen.
So kommt es, dass wir, wenn wir den gesamten gemeinsamen Weg im Rhythmus der einzelnen Jahre und Monate betrachten wollten, eine lange Geschichte schreiben und erzählen müssten, mit vielen Kapiteln und Episoden und mit vielen Etappen, die immer ein erfreuliches Ende fanden.
Nur Rhetorik? Sicher nicht. Die Hochs und Tiefs sind ein Teil des Lebens, in meinem, in dem der Familie Trafoier und dem vom Kuppelrain. Aber gerade deswegen betrachte ich es als ein unsäglich großes Privileg, dass ich die Etappen dieses großen Abenteuers hier noch einmal ins Gedächtnis rufen darf.
Den Trafoiers wünsche ich daher ein langes Leben! Und ein langes Leben dem Kuppelrain!
Und ein langes Leben jenen Freundschaften, die über dem Beruf, über der Karriere und der sich verändernden Zeit stehen.

Stefano Tesi

Im Archipel der Gastronomie – der Speisesaal des Kuppelrain

Ein Hoch auf den Genuss

Jörg arbeitet mit Vernunft und Besonnenheit im Archipel der Gastronomie, der voller Gefahren und Illusionen, vergänglicher Moden und Strömungen steckt. Er lässt sich vom Gesang der Sirenen nicht verführen und hält Kurs, ebenso wie bei Homer Odysseus, der am Ende einer abenteuerlichen Reise voller Überraschungen sein Vaterland wiederfindet.

Das Ithaka von Jörg ist der Vintschgau, und das wird in seinen Kreationen offensichtlich. Auch er ist überall unterwegs gewesen, hat probiert und gespielt, um am Ende doch elegant nach Hause zurückzukehren. Für seine Kreationen verwendet er, wo immer möglich, lokale Produkte aus der unmittelbaren Umgebung. Das Spanferkel aus dem Ofen mit seiner knusprigen Kruste erzählt dem Gaumen von den Monaten, die es auf der Almweide verbracht hat; die Gerstensuppe mit geräucherter Salsiccia führt unseren Geruchssinn geradewegs zum Bergbauernhof, der über dem Tal thront; die einfachen Crêpes, die mit Marmelade aus den unnachahmlichen goldgelben Marillen gefüllt sind, erfreuen als Erstes das Auge ...

Immanuel Kant, der große Philosoph, der üppigen und nicht enden wollenden Banketten nicht abgeneigt war, hat einmal gesagt, der Mensch solle sich von Wissen und Speisen ernähren. Von zwei Dingen also, die entscheidend dazu beitragen, das Leben erfreulich und zum Genuss zu machen. Der Genuss des Essens ist das Thema dieser kurzen Abhandlung. Aber was heißt eigentlich Genuss? Wahrscheinlich ist Genuss ein sehr komplexes Geheimnis, das alle unsere Sinne in Anspruch nehmen kann. Wenn wir von Tafelfreuden reden, haben wir die Bestätigung hierfür: ein Wärme und Gemütlichkeit ausstrahlendes Ambiente, der Tisch mit bunten und duftenden Blumen dekoriert, die Bedienung diskret, aber freundlich, erlesene Weine und natürlich deliziöse Gerichte. Genauso präsentiert sich das Kuppelrain, ein Ort des Genusses und der Gaumenfreuden, der sich seit 1988 von Jahr zu Jahr weiter verbessert.

Ein gutes Restaurant und ein guter Wirt leben allerdings nicht ausschließlich von hervorragenden Zutaten und einem Schuss Verrücktheit. Die Präsentation muss auch stimmen, es braucht eine Umgebung, die diese Qualitäten herausstreicht und verstärkt – und hier kommt Sonya ins Spiel. Ihre Fachkenntnis und ihre Kompetenz bei der Weinauswahl (viele Weine sind lokale Raritäten), ebenso wie bei der Zubereitung von Marmeladen und Konfitüren oder anderen Köstlichkeiten, die im sagenhaften Keller des Kuppelrain – der Krypta der Feinschmecker – lagern, sind inzwischen allenthalben bekannt. Sie kümmert sich auch um die Betreuung der Gäste und, wie im vorliegenden Fall, um die Herausgabe des Kochbuches.

Endlich jemand, der das Gespür dafür hat, ein Kochbuch zu präsentieren, in dem die gastronomischen Fotografien deutlich reduziert sind. Die Kollegen sollen es mir nicht übel nehmen, aber es ist doch oft einfach zu banal, das Rezept einer Suppe nur mit einem Foto dieser Suppe zu illustrieren. Nein, Sonya, wollte auch Bilder von dem Tal haben, in dem wir zu Gast sind und aus dem die guten Dinge stammen, die Jörg zubereitet.

Und so haben wir hier die Schafe, deren festes, duftendes Fleisch wir schon schmecken können, während sie noch über die Gletscher ziehen und nachdem sie, wie das Wild, den ganzen Sommer in freier Natur verbracht haben.

Da haben wir außerdem die sonnigen Hänge über dem Tal, an denen Trauben und Kastanien reifen. Schließlich die Waale, die Wasseradern, die verschiedenen Gemüsesorten Leben und Wachstum spenden. Und was soll man über Blumen und blühende Wiesen sagen, aus denen Bienen den Nektar für den Honig und wir Genussnahrung für unsere Sinne gewinnen?

Für mich war es ein Glücksfall, an der Erstellung dieses Buches mitarbeiten zu dürfen. Eher als ein Rezeptbuch ist es eine Liebeserklärung an die eigene Heimat und eine Respektbezeugung für diese archaische Kulturlandschaft.

Gianni Bodini

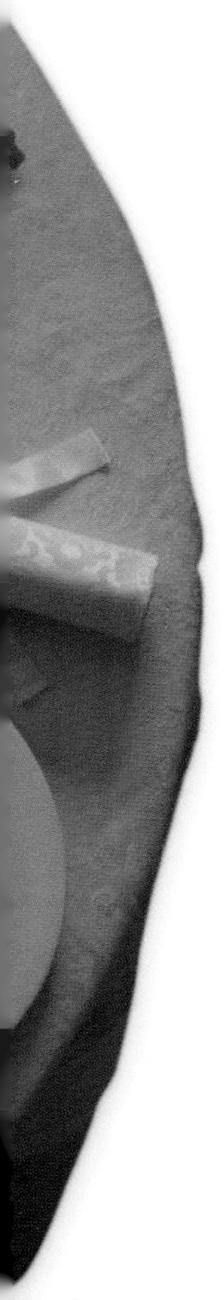

Gedanken zum Tischgebet

Eine gemeinsame Mahlzeit von Eltern mit ihren Kindern, von Verwandten und Bekannten, von verschiedenen Interessenverbänden fördert das Gespür und das Erlebnis von Zusammengehörigkeit und Gemeinschaft, wie wir es sonst kaum lebendiger erfahren. Und dieses beglückende Erlebnis wird noch überhöht, wenn uns bewußt wird, wem wir all die guten Gaben letzlich verdanken. Diese Erfahrung wird uns nicht geschenkt, wenn wir uns einfach hinsetzen um unseren angereiften Hunger und Durst stillen.
Ja, gerade die Dankbarkeit gegenüber dem Geber aller Gaben, aber auch gegenüber all jenen, die ihr ganzes Können und ihre Liebe zu dieser Kunst ein Festmahl zu bereiten, gibt der gemeinsamen Mahlzeit eine besondere Weihe und eine Ausstrahlung auf das ganze Umfeld.
Unterbleibt die Bitte um das tägliche Brot und der Dank dafür, beraubt man sich um eine ganz wichtige Erfahrung und degradiert das Essen, ganz gleich, ob es sich um ein Festessen oder um ein bescheidenes Mahl handelt, zu einer reinen Sättigungsprozedur. Man verliert das Gespür ein Beschenkter zu sein. Und das wäre schade!
Darum:

> Segne, Herr, uns und diese Gaben, die wir von deiner Güte empfangen, segne all jene, die sie uns bereitet haben und schenke allen, die hungrig sind auf der weiten Welt, das tägliche Brot!

(Abt Bruno Trauner OSB)

Marienberger Klostergarten

Vintschger Marillenblüte am Nördersberg

Vintschger Weißburgunder

Im Vintschgau haben wir einige sehr gute Produzenten von Weißburgunder:
Castel Juval – das Weingut von Reinhold Messner. Auch Herr Messner hat seinen Wohnsitz in den schönen Vintschgau verlegt. Der Weißburgunder vom Rebhof in Galsaun zeichnet sich besonders durch seine Fruchtigkeit und Frische aus. Diesen süffigen Wein produziert Leo Forcher, seines Zeichens Gründungsmitglied und Obmann des Vinschgauer Weinbauvereins, der am 25.02.1981 im Gemeindesaal von Kastelbell gegründet wurde. Neben dem Rebhof produzieren in Galsaun auch noch der Josmoar und der Hochhuab in Tschars einen guten Weißburgunder. Unbedingt zu nennen sind die Weißburgunder von Martin Aurich vom Unterortlhof und von Franz Pratzner vom Falkenstein in Naturns. Beide Weine gelten bei Weinliebhabern als absolute Spitzenprodukte und sind von den führenden Weinführern mehrfach ausgezeichnet worden.
Hier in Kastelbell sind die Weißburgunder von Heiner Pohl vom Marinushof und Martin Pohl vom Köfelgut sehr gute Weine „mit fruchtigem Charme", wie Kritiker schwärmen. Natürlich hängt die Qualität auch von den einzelnen Jahrgängen ab.
Hier in unserem schönen Tal wird schon seit einer Ewigkeit Wein angebaut. Ob zum rätischen Wein, der am römischen Kaiserhof kredenzt wurde, auch der eine oder andere aus dem Vintschgau zählte, wissen wir nicht: Wir wollen es ja auch nicht übertreiben mit unserem Wein. Der Vintschger Weinbau jedenfalls kann auf eine lange Tradition zurückblicken. Zu fast jedem Bauernhof von Kortsch abwärts gehörte auch ein „Raut" oder Weinacker. Viele Familien besaßen oft auch nur einige Rebstöcke, in manchen Orten waren selbst die Gemeindewege mit „Pataunen" überdacht. Der Wein, der daraus gekeltert wurde, war mehr Nahrungs- als Genussmittel und meist nur für den Eigenverbrauch bestimmt.
Was wurde in der Vergangenheit nicht schon gelästert über den Vintschger Wein: All die Spötter werden heute Lügen gestraft durch den unglaublichen Erfolg des Vintschger Weinbaus in der jüngsten Vergangenheit.
Die erste geschichtliche Nennung des Weinbaus im Vintschgau verzeichnen wir mit dem hl. Korbinian um 720 n. Chr. Der hatte sich als Bischof von Freising mit dem Bayernherzog Grimoald wegen dessen Lebenswandels – es ging um eine Frauengeschichte – überworfen. Um den Bischof loszuwerden, vermachte ihm der Herzog einen Weinacker in Kuens (bei Meran) und einen, man höre und staune, in Kortsch. Immerhin soll sich der heilige

Mann dann sehr intensiv dem Weinbau gewidmet haben. Im Mittelalter waren es insbesondere Klöster aus dem süddeutschen Raum, die im Vintschgau Weingüter besaßen.
Wenn man nun weiß, dass die frommen Patres in der Regel einen anspruchsvollen Gaumen und eine feine Nase für den Rebensaft besaßen, so spricht das ganz klar für den Vintschger Wein. Und dann waren da noch die Benediktiner vom Kloster Marienberg, die um 1400 aus dem Tal an die 1.500 Liter Wein bezogen, und das wohl nicht nur für die hl. Messen.
Klösterliche und bischöfliche Weinfuhren durch den Vintschgau verliefen nicht immer ohne Zwischenfälle. Sahen die Matscher Grafen auf der Churburg so eine Weinfuhre, schickten sie den Kastellan hinunter auf die Straße, wo er sich einen ordentlichen „Koster" ausschenken ließ. Abt und Bischof beschwerten sich bitter, aber das hat bei den Matschern wenig genutzt. Machte eine Weinfuhre im Oberland halt, waren auch schon die „Korrner" zur Stelle. Während dann die jungen Weiber den Fuhrleuten „glurig" schöne Augen und sonst was machten, bohrten die „Korrnerlöter" die Fässer an. Natürlich gab's auch Weinschmuggel, besonders in Glurns vom Veltlin her. Übrigens ist in Glurns bald nach der Stadtgründung von einem gräflich tirolischen Weinmesser die Rede, der die Weinmaße der Wirte zu kontrollieren hatte: Der Tiroler wird schon gewusst haben, warum. Wein gehörte zur Entlohnung der Dienstboten, der Hirten und insbesondere der „Waaler". Deren Wein-Durst soll mitunter legendär gewesen sein: Wir wollen's ihnen nicht nachtragen. Wer ein Leben lang neben dem Wasser herrennen muss, dem sei ein ordentlicher Schluck vergönnt.
Ganz zum Schluss noch ein paar Worte zu den Vintschgern selbst: Ihnen wird nachgesagt, sie seien ein ganz besonderer Menschenschlag, der mit Kopf und Erfindungsreichtum das Leben meistert und eigene Wege geht. Das trifft sicher auch auf den erstaunlichen Erfolg des Weinbaus unserer Tage zu. Und was bei den Menschen Charakter und Querköpfigkeit, das sind bei Vintschger Weinen Säure und Charakter in Körper und Bouquet.
Sie werden es feststellen: Wenn man sie beide nimmt, wie sie sind, in ihrer Unverwechselbarkeit, hat man seine wahre Freude daran.

Aperitif-Häppchen

Blätterteigkäsestangen

200 g Blätterteig
100 g geriebener Parmesankäse
1 gestrichener EL Paprikapulver
1 Eidotter

Den Blätterteig dünn ausrollen, dünn mit Eidotter bestreichen und mit geriebenem Parmesankäse und Paprikapulver bestreuen. In kleine, 1 cm breite Streifen schneiden, den Teig an beiden Enden eindrehen, auf ein Backblech legen und im vorgeheizten Backrohr bei 170° für ca. 7 Minuten hellbraun backen.

Gebackene Garnelen in Filoteig

4 Garnelen
100 g Filoteig (erhältlich im gut sortierten Feinkostladen)
Olivenöl Extra Vergine zum Frittieren
1 Prise Salz

Die ausgelösten Garnelenschwänze leicht salzen, den dünn ausgerollten Filoteig in Dreiecke schneiden, die Garnelen darin einwickeln und in 130° heißem Olivenöl goldgelb frittieren.

Kartoffelchips mit gegrillten Steinpilzen

1 Kartoffel
1 Steinpilz
Olivenöl Extra Vergine zum Frittieren
1 Prise Salz

Die geschälte Kartoffel in hauchdünne Scheibchen schneiden, in 130° heißem Olivenöl goldgelb frittieren und auf ein Küchentuch legen, damit das Fett absorbiert wird. Die Chips vorsichtig abtupfen und nach Belieben salzen. Den Steinpilz in dünne Scheiben schneiden und in einer Pfanne oder auf dem Grill auf beiden Seiten kurz anbraten, salzen. Zum Schluss die Kartoffelchips mit den Steinpilzscheiben belegen.

Marinierter Tintenfisch siehe auf Seite 82
Räucherforellenterrine siehe auf Seite 58

Tipp
Die Chips können auch durch gekaufte Kartoffelchips bester Qualität ersetzt werden.

Südtiroler Speck im Glas

Zutaten

8 dünne Scheiben Südtiroler Speck

4 dünne Scheiben eines Vintschger Paarlbrotes (für 3 Minuten im Backofen bei 170° trocknen)

2 Südtiroler Golden Delicious

ca. ¼ l Apfelsaft

½ Zitrone

1 gehäufter EL Zucker

Zubereitung

Die Äpfel schälen und mit einem „Pariser Ausstecher" kleine Apfelperlen ausstechen. Die Apfelperlen kurz in der Pfanne mit dem Saft einer halben Zitrone, Zucker und Apfelsaft erhitzen; die Apfelperlen auf 4 Sektschalen verteilen, abkühlen lassen. Die Hälfte der Speckscheiben in dünne Streifen schneiden und kurz in einer Pfanne anrösten (so wird der Speck knusprig), auf die Apfelperlen geben.

„Kaviar" vom Gewürztraminer

½ l Gewürztraminer

8 Blatt Gelatine

Die Gelatineblätter in etwas kaltem Wasser einweichen, den Gewürztraminer erhitzen und die ausgedrückten Gelatineblätter darin auflösen. Für 3 Stunden kalt stellen; wenn die Gelatine steif ist, mit einer Kartoffelpresse die „Kaviar"-Perlen auspressen und mit einem Löffel auf die vorbereiteten Sektschalen verteilen.

Die knusprigen Paarlbrotscheiben über die Gläser legen und darauf die restlichen Speckscheiben platzieren.

Tipp

Den „Pariser Ausstecher" findet man in jedem gut sortierten Haushaltswarengeschäft.

Vintschger Bauern-Speck

Namentlich erwähnt wird der Speck erstmals im Althochdeutschen um das 10. Jahrhundert, und bald darauf gibt es Nennungen in Metzgerordnungen vom Haltbarmachen des frisch geschlachteten Fleisches. Die Verwertung und Aufbewahrung des Fleisches war früher lebensnotwendig, und das Räuchern werden die Menschen bald einmal nach der Nutzbarmachung des Feuers angewandt haben. Als die Menschen sesshaft wurden, hielten sie Schweine als Haustiere, nachgewiesen zum Beispiel in Schweizer Pfahlbausiedlungen der Jungsteinzeit und bei uns im Vintschgau auf dem „Ganglegg". Fleisch galt von alters her als besonderes Nahrungsmittel, war Statussymbol der Reichen, schon in der Antike konnten sich nur die Wohlhabenden frisches Fleisch leisten.
Bei uns in den Bergen wird es sicher ähnlich zugegangen sein, nur dass der Bergmensch sich immer um die Nahrung Gedanken machen musste, um nicht zu verhungern. Vielleicht war gerade er es, der den geräucherten „Rohschinken" erfand, dessen Qualität er immer mehr verfeinerte. Die Art, Speck herzustellen, ist bis zum heutigen Tag gleich geblieben, aber natürlich gab und gibt es kleine Unterschiede, denn das Einsalzen und die Rezepturen der beigemengten Gewürze waren oft eifersüchtig gehütete Geheimnisse, die von Generation zu Generation weitergegeben wurden. Hier auf dem Land hält heute wie damals fast jeder Bergbauer ein paar Schweine; aber nicht nur der Bauer, denn es gibt, auch wenn es wenige geworden sind, immer noch Menschen, die Wert auf gutes Essen legen und keine Mühe scheuen, nebenher ein „Fackl" aufzuziehen. Sie füttern es mit abgebrühten Brennnesseln, mit „Bruch", d.h. mit geschrotetem Getreide, mit gekochten, zerdrückten Kartoffeln und auch mit frischem Gras, damit das Fleisch ganz mürbe und nicht zu fett wird, und sie werden mit exzellenter Qualität belohnt.

Viele Südtiroler Schweine haben es sehr gut, im Sommer kommen sie auf die saftigen Almen, dort können sie sich im Hochmoor suhlen, wühlen, nach Herzenslust Molke saufen, sich in die Sonne legen, sich recken und strecken, trocken werden und sich dann so lange an Zäunen oder Mauern schaben, bis sie ganz sauber sind und rosa leuchten.
In den kalten Wintertagen wird das arme Schwein dann geschlachtet, wird in Stücke aufgeteilt; „Mezet" heißt bei uns eine ganze Seite vom Schwein und „Hamme" der Schinkenspeck. Die anderen guten Fleischteile wandern in die Würste. Das Räuchern ist eine Kunst für sich. Bei uns verwendet man zum Räuchern Wacholderstauden, die dem reifenden Speck ein besonders würziges Aroma verleihen. Unser leidiger Vintschger Wind, der immer bläst, tut auch sein Gutes und gibt dem Speck viel Luft, die er zum Reifen braucht. Um Ostern herum wird der Speck dann angeschnitten. Der Osterschinken heißt so wegen des ersten Anschnittes zu diesem Fest (nach der langen Fastenzeit), und da der Speck noch weich war, hat man ihn einfach gekocht, und so ist es auch heute noch.
Übrigens: Schweine sind sehr intelligente Tiere, sind folgsam und anhänglich; beneidenswert, wer von so gehaltenen Tieren den Speck und die Würste essen darf. Amen.

Die Brennnessel

Die Heilkräuter gehören zu den unscheinbaren Schätzen in unserer technisierten Welt: Es gibt die „Stars“ unter ihnen, die alle kennen. Aber die Brennnessel? Ein Heilkraut? Oder gar ein Kraut mit Zauberkraft? Ja doch: Das „Lexikon des Aberglaubens“ bescheinigt der prosaischen Pflanze starke antidämonische Kräfte gegen Hexen oder bösen Milchzauber. Diese Wirkung wollen wir einmal dahingestellt sein lassen.

Auf jeden Fall ist die Brennnessel allen Leuten bekannt, da fast jede/r von uns schon einmal Bekanntschaft mit ihr auf irgendeine Weise gemacht hat. Wer erinnert sich nicht an die erste brennende Berührung oder den ersten „Kuss“ mit der Brennnessel? War ein nachhaltiges Erlebnis – auch wenn's nicht Liebe auf den ersten Touch war ... Wem hat sie nicht in der lauen Maiennacht beim schüchternen Rendezvous die Romantik vermasselt?

Als Kinder haben wir unseren Großeltern zugeschaut, wie sie mit der einen bloßen Hand die Pflanzen festhielten und mit der Sichel in der anderen Hand abschnitten. Da waren unsere Großeltern in unseren Kinderaugen Helden, die mit abgearbeiteten Händen in die brennenden Pflanzen griffen, die uns Kindern bei der kleinsten Berührung schon die Quaddeln in die Haut und die Tränen in die Augen trieben. Dieser Anblick der arbeitenden Hände tut uns heute noch ein wenig weh, wenn man bedenkt, wie die Großeltern mit so wenig doch sehr glücklich waren und sich schon freuten, wenn die Brennnesseln kräftig ins Kraut schossen. Denn die geernteten Brennnesseln wurden dann entweder getrocknet und aufbewahrt oder sofort klein geschnitten und mit heißem Wasser abgebrüht, um sie dann unter das damals karge Tierfutter zu mischen, für Kälber und Kühe, aber auch für die Schweine und die Hühner. Unsere Großeltern wussten, dass so ihre Tiere gesund blieben.

Bei uns sind heute die Qualitäten der Brennnessel nahezu in Vergessenheit geraten, daher widmen wir ihr einen ganz besonderen Platz. Natürlich braucht es auch Zeit, um die Brennnessel zu sammeln, aber es lohnt sich.

Aus den gesammelten Brennnesselspitzen kann man die besten Cremesüppchen, Nudeln oder auch Salate machen oder die jungen Blätter zum Trocknen auslegen und in Form eines wohltuenden Tees genießen.

Die Brennnessel ist etwas Besonderes. Übrigens wird ihr auch bei manchen Männerbeschwerden heilende Wirkung nachgesagt. Nicht umsonst ist die Brennnessel weiblich und wird mancherorts Prinzessin genannt.

Brennnesselcreme

Zutaten

200 g frische, zarte Brennnesselblätter, abgezupft und gewaschen

3 mittlere, mehlige und geschälte Kartoffeln

1 l Gemüsebrühe

1 Prise Muskatnuss

Salz und Pfeffer

Zubereitung

Die Kartoffeln in Stücke schneiden und in der Gemüsebrühe weich kochen. Die Brennnesseln im siedenden leicht gesalzenen Wasser kurz blanchieren, herausnehmen und in einer Schüssel mit Eiswasser schocken, damit die grüne Farbe erhalten bleibt.

Die Brennnesseln in ein Tuch geben und die Flüssigkeit gut ausdrücken, zur Gemüsebrühe mit den Kartoffelstückchen geben und alles mit einem Stabmixer ganz fein pürieren, mit Salz, Pfeffer und Muskatnuss abschmecken. Die Brennnesselcreme kann man als Süppchen mit Paarlbrot, mit gebratenen Garnelen oder als Pastasauce genießen.

TIPP

Zu den meisten Brennnesselgerichten passt sehr gut der Südtiroler Sauvignon.

Lachstatar mit grünem Spargel an Honigvinaigrette

Zutaten

300 g frischer (oder geräucherter) Lachs

Kräutersalz und Pfeffer
(nur bei frischem Lachs verwenden)

2 Bund grüner Spargel

etwas frisch gehackter Dill

etwas gehacktes Zitronengras

Olivenöl Extra Vergine

2 EL Sahnekren

⅛ l Sauerrahm

essbare Blumen zum Garnieren

Vinaigrette

⅛ l gut abgeschmeckte Gemüsebrühe

1 EL Südtiroler Honig

1 TL süßer Senf

3 EL Apfelessig

2 EL Olivenöl Extra Vergine

Die Gemüsebrühe in einem breiten Topf leicht erhitzen, Honig, Senf, Apfelessig und Olivenöl dazugeben, durchrühren, wenn nötig mit Salz abschmecken.

Zubereitung

Den Lachs fein hacken, in eine Glasschüssel geben, salzen und pfeffern; Dill, Zitronengras und einen Schuss Olivenöl beimengen und alles gut durchmischen, kühl stellen. Sahnekren und Sauerrahm gut vermischen, cremig rühren, kühl stellen.
Den grünen Spargel waschen, vom hinteren Ende ca. 2 cm abschneiden und der Länge nach teilen. Für 6 Minuten in reichlich, wenig gesalzenem Wasser kochen, herausnehmen und zur Vinaigrette geben, für mindestens 10 Minuten ziehen lassen.

Anrichten

Den Sahne-Sauerrahm-Kren in die Mitte von flachen Tellern geben, das Lachstatar darauflegen und den grünen Spargel außen herum schön anrichten; den Spargel mit der restlichen Vinaigrette beträufeln und mit Blumen garnieren.

Weinempfehlung

Zu diesem Gericht passt ausgezeichnet ein Weißburgunder aus dem Vintschgau oder an heißen Sommertagen ein gekühlter Vernatsch vom Vintschger Sonnenberg.

Thunfischtatar mit Petersilie

Zutaten

300 g frischer Thunfisch
etwas frisch gehackte Petersilie
Olivenöl Extra Vergine
Salz und Pfeffer aus der Mühle

Zubereitung

Den frischen Thunfisch fein hacken, die Thunfischmasse in eine Schüssel geben und mit Salz, Pfeffer, Petersilie und einem Schuss Olivenöl würzen und gut durchmischen. Die Masse mithilfe kleiner Ringe auf den Tellern anrichten, alternativ mit einem Suppenlöffel Nocken formen.

Riso Venere

Zutaten

200 g Riso Venere aus Vercelli
1 ½ l Gemüsebrühe
½ weiße, gehackte Zwiebel
50 g Südtiroler Qualitätsbutter
Olivenöl Extra Vergine
Salz und Pfeffer

Zubereitung

In einem Topf die Zwiebel in Olivenöl goldgelb dünsten, den Reis dazugeben, kurz weiterdünsten, mit einem Teil der Gemüsebrühe ablöschen und etwa 45 Minuten köcheln lassen; bei Bedarf die vorhandene Gemüsebrühe nach und nach beigeben, mit Salz, Pfeffer und der Butter abschmecken; den noch kernigen Reis vom Herd nehmen und mithilfe kleiner Ringe auf den Tellern schön anrichten.

Tipp

Dieser Vollkornreis ist sehr gesund und enthält unter anderem viel Eisen. Passt zu jedem Fischgericht.

Jörg beim Schlossspargelschälen

Kartoffel-Löwenzahn-Salat mit Kastelbeller Spargelspitzen, Brüstchen und Ei von der Wachtel

Zutaten

8 Wachtelbrüstchen
4 Wachteleier
4 gekochte, mittelgroße Kartoffeln
200 g Löwenzahnblätter (von einer ungedüngten Wiese)
30 kleine Spargel
1 EL Löwenzahnhonig oder Löwenzahnsirup
3 EL Apfelessig
Olivenöl Extra Vergine
1 Flocke Südtiroler Qualitätsbutter
Salz und etwas Pfeffer aus der Mühle
4 Löwenzahnblüten und Gänseblümchen zum Garnieren

Zubereitung

Die Kartoffeln schälen und in feine Scheibchen schneiden, die Löwenzahnblätter waschen, abtropfen lassen und fein schneiden. Die Kartoffeln und den Löwenzahn in eine große Glasschüssel geben und mit etwas Olivenöl, Salz und Pfeffer würzen. Den Löwenzahnhonig oder -sirup mit Apfelessig vermischen, dazugeben und alles mit zwei Holzlöffeln behutsam umrühren.
Den Spargel vorsichtig schälen, in kochendem Wasser für 2 Minuten blanchieren und abkühlen lassen.
Die Wachtelbrüstchen mit Salz und Pfeffer würzen und in etwas Olivenöl auf beiden Seiten anbraten. Die Butter in eine Bratpfanne geben, die Wachteleier aufschlagen und zu Spiegeleiern braten, warm stellen.

Anrichten

Den Spargel mit etwas Olivenöl beträufeln und auf die Teller verteilen. Den Kartoffel-Löwenzahn-Salat daneben schön anrichten, das Wachtelspiegelei vorsichtig obenauf legen, die gebratenen Wachtelbrüstchen in Scheiben schneiden, neben den Spargel legen und mit der abgezupften Löwenzahnblüte und den Gänseblümchen garnieren.

Löwenzahnhonig

etwa 30 Löwenzahnblüten (bei Sonnenschein pflücken)
2 l Wasser
1 kg Zucker

Das Wasser mit dem Zucker aufkochen und auskühlen lassen. Die Blüten unter fließendem Wasser waschen, den grünen Blütenansatz entfernen, und in das erkaltete Zuckerwasser geben. Ca. 48 Stunden ziehen lassen, anschließend abseihen und vorsichtig für 4 Minuten auf bis zu 80° erhitzen, sofort in kleine vorgewärmte Einweckgläser füllen und verschließen.
Den Löwenzahnhonig kann man als Brotaufstrich sowie zum Verfeinern von Salatsaucen verwenden oder auch zu bestimmten Fleischgerichten in die Bratensauce geben.

Vintschger Berg-Riesling

Der Riesling ist eine herausragende, vielleicht sogar die edelste Rebsorte unter den weißen Trauben. Sie stammt vermutlich aus dem Rheintal in Mitteleuropa und ist bei uns seit über 150 Jahren als Rheinriesling bekannt.

Wie so vieles findet auch der Riesling hier im Vintschgau ideale Voraussetzungen. Die Weinbauzone am Vintschger Sonnenberg verfügt über ein inneralpin geprägtes Steppenklima, in dem die Smaragdeidechse, die Gottesanbeterin und seltene Schmetterlingsarten zu Hause sind. Auf dem Urgesteinsboden in den steilen Terrassen reifen die Trauben bis in den Spätherbst hinein langsam heran.

Allgemein ist der Einfluss von Lage, Boden und dem jährlichen Witterungsverlauf auf den Rieslingwein bedeutender als bei anderen Rebsorten. So prägen auch die Voraussetzungen des Vintschger Sonnenbergs den Charakter der hiesigen Rieslingweine.

Der Vintschger Riesling hat schon in seiner Jugend eine gute Struktur, ist von anregender, erfrischender und mineralischer Säure. Er riecht und schmeckt zart nach Marille, Pfirsich und Birnen, auch nach Ananas und Pampelmuse.

Der Riesling verändert vom jungen zum gereiften Wein seine Ausprägung und gewinnt meist an Qualität. Neue Duftnoten prägen den Geruch mit, die meist prägnante Säure schmeckt runder, und auch die Farbe verändert sich. Ja, Wein ist eben etwas Lebendiges und Erfreuliches, das dem Menschen, der genießen kann, viel Freude bereitet.

Zwei der besten Rieslingweine Italiens stammen derzeit laut Wine-Guides aus dem Vintschgau. Das ist auch meine eigene und die Überzeugung meiner Gäste. Der Riesling von Castel Juval der Familie Aurich hat eine wunderbare Eleganz und eine prachtvolle klare Frucht, er ist einfach perfekt.

Der Riesling der Familie Franz Pratzner in Naturns besticht durch seine Kompaktheit und lässt den Trinkgenuss zu einem echten Erlebnis werden.

Naturerlebnis und Trinkgenuss lassen sich übrigens auch erwandern, indem Sie den Vintschger Sonnenberg entlang auf dem malerischen Waalweg von Kastelbell nach Juval spazieren. Auch das Weingut Falkenstein lässt sich über den Naturnser Panoramaweg gut erreichen.

Die Erdbeere, das süße rote Früchtchen

Aus archäologischen Funden weiß man, dass die Erdbeere schon in der Steinzeit verbreitet war. Es gibt wild wachsende und Gartenerdbeeren; große Heilkraft haben die Walderdbeeren, die in der Naturheilkunde oft eingesetzt wurden und immer noch werden.

Als Kinder waren wir in den Ferien oft am Bergbauernhof mütterlicherseits, natürlich mussten alle Kinder am Hof mit anpacken, wir nicht ausgenommen. Bei jedem Wetter ging's auf die Weide, durch Wälder und Steige bis zu einer Lichtung mit einem kleinen See voller Salamander. Heute ein kleines Paradies in der Erinnerung: Da durften die Tiere weiden, und wir mussten aufpassen, dass kein Tier sich verirrte oder verloren ging. Natürlich haben wir nicht nur Kühe gehütet, wir haben unsere schafwollenen Jacken und unseren (kargen) Proviant an einem schattigen Platz abgelegt und erkundeten die Umgebung. Es gab zerfallene Steinmauern, die mit wilden Erdbeerpflanzen übersät waren, die Hunderte von kleinen roten Beeren trugen. Wir hatten „heillosen" Respekt vor Schlangen, die träge in der Sonne lagen und sich sichtlich wohl fühlten im Gegensatz zu den harmlosen Smaragdeidechsen, die sich schnell vor uns verkrochen. Oft vergaßen wir Zeit und Kühe, so beschäftigt waren wir mit dem Pflücken und Essen der Erdbeeren; unsere Kühe waren auch sehr neugierig, mehr als einmal haben sie sich über unsere Jause hergemacht, und einmal hat ein großes Kalb das Kopftuch meiner Cousine zerkaut. Manchmal brachten wir auch ein paar Handvoll dieser kleinen Beeren mit nach Hause, wo unsere Tante mit Rahm und Zucker einen herrlichen Nachtisch daraus machte. Der unverwechselbare, verführerische Duft der Walderdbeeren begleitete uns bis in die Träume ... Manchmal kommt mir vor, es gibt sie nicht mehr, die Walderdbeeren unserer Kindheit. Es tröstet da wenig, wenn es heißt, in Finnland finde man wahrscheinlich am meisten wild wachsende kleine Erdbeeren, wo es in manchen Gegenden rot leuchte, so weit das Auge reiche.

Seit dem Mittelalter wird aus den frischen oder getrockneten Blättern der Erdbeere ein sehr heilsamer Tee zubereitet; diesem Tee wird nachgesagt, dass er die Nieren und die Leber reinige; wie bei allem im Leben sollte man auch da nie übertreiben und des Guten zu viel trinken. Zerriebenes Erdbeerkraut könne Wunden heilen, heißt es. Ob es auch gegen Liebesschmerz hilft? Bleiben wir lieber bei der Beere, dem süßen roten Früchtchen.

Erdbeersekt

Zutaten

1 Flasche Südtiroler Sekt
(für Kinder nimmt man prickelndes Mineralwasser)
ca. 200 g Vintschger Erdbeeren
8 Stück ganze Erdbeeren
4 frische, langstielige Minzezweige
etwas Zucker

Zubereitung

Den Sekt kalt stellen – wir verwenden immer einen Vintschger Sekt, der sehr fruchtig ist. Die Erdbeeren waschen, klein schneiden und mit dem Zucker im Mixer pürieren. Die restlichen 8 Erdbeeren halbieren und je 4 Erdbeerstücke auf die Minzezweige aufspießen. Das Erdbeerpüree auf passende Gläser verteilen, vorsichtig den eisgekühlten Sekt eingießen, mit den Minzespießchen garnieren; für Kinder nimmt man statt Sekt Mineralwasser, so können sie auch mit anstoßen und mitfeiern.

Tipp

Frische, duftende Erdbeeren passen auch als Dekoration für einen schön gedeckten Tisch.

Blattsalate mit Erdbeeren und Südtiroler Hartkäse an Apfelbalsamicovinaigrette

Zutaten

300 g verschiedene Blattsalate, gewaschen

100 g Südtiroler Berg-Erdbeeren, gewaschen und in Spalten geschnitten

200 g Hartkäse in kleinen Stücken oder Mozzarelline

Kerne eines ½ Granatapfels zum Garnieren

Vinaigrette

⅛ l lauwarmer Apfelsaft

2 EL alter Apfelbalsamico

3 EL Olivenöl Extra Vergine

1 Prise Salz und weißer Pfeffer aus der Mühle

Zubereitung

Den lauwarmen Apfelsaft mit dem Apfelbalsamico und Olivenöl vermengen, mit etwas Salz und weißem Pfeffer aus der Mühle abschmecken. Den Salat auf die Teller verteilen, die Erdbeeren und den Käse dazugeben, mit der Vinaigrette beträufeln und mit den Granatapfelkernen garnieren.

Einkaufstipp

In fast jedem Feinkostladen in Südtirol oder im Bauernladen im Vintschgau findet man hochwertigen Apfelbalsamico.

Sülze vom Ochsenschwanz mit Rohnen-Carpaccio, Artischocke und Salaten

Zutaten

1 kg Ochsenschwanz (beim Metzger vorbestellen)
5 mittelgroße, geschälte Karotten
1 kleine, geschälte Sellerieknolle
3 Blatt Gelatine, in Wasser eingeweicht
1 kleiner Bund Petersilie

4 große Artischocken (Mamme)
2 mittelgroße, gekochte Rohnen (Rote-Bete-Knollen)
160 g verschiedene Blattsalate
Aceto Balsamico
Olivenöl Extra Vergine
Salz und Pfeffer aus der Mühle

Zubereitung

Den Ochsenschwanz in einen großen Topf mit 5 l gesalzenem Wasser geben. Die Sellerieknolle halbieren, davon 150 g in kleine Würfelchen schneiden, in etwas kaltes Wasser legen und beiseite stellen. Die übrige Knolle in größere Stücke schneiden und zum Ochsenschwanz geben. Von den Karotten 200 g in kleine Würfelchen schneiden, den Selleriewürfelchen beimengen und bissfest kochen. Die restlichen Karotten und die Petersilie zum Ochsenschwanz geben und alles für etwa 2 Stunden köcheln lassen, bis sich das Fleisch vom Knochen löst. Den Topf vom Herd nehmen, den gekochten Ochsenschwanz herausnehmen.

Die Suppe etwas auskühlen lassen (damit sich die Trübstoffe absetzen) und durch ein Tuch seihen; wieder auf den Herd stellen, leicht köcheln lassen, mit Salz und wenig Pfeffer würzen, erneut vom Herd nehmen und abkühlen lassen. Einen halben Liter Suppe abschöpfen und die ausgedrückte Gelatine dazugeben. Das weich gekochte Fleisch vom Knochen lösen und in kleine Würfelchen schneiden, zum bissfest gekochten Gemüse geben, alles vermengen und zur abgeschöpften Suppe geben. Die Masse in eine Terrinenform umfüllen und für 3 Stunden im Kühlschrank schnittfest werden lassen. Die Artischocken in 2 l leicht gesalzenem Wasser 12 Minuten lang kochen und auskühlen lassen. Die Artischockenblätter entfernen, den Strunk aber dran lassen und wie auf dem Bild ersichtlich einschneiden.

Anrichten

Die Rohnen in dünne Scheibchen schneiden, auf die Teller verteilen, die Artischocke darauflegen und mit den Blattsalaten garnieren. Aceto Balsamico, Olivenöl und etwas lauwarme Ochsenschwanzsuppe darüber träufeln, mit Salz und Pfeffer abschmecken und zum Schluss die in Scheiben geschnittene Ochsenschwanzsülze dazulegen.

Zubereitung der Räucherforellenterrinen mit Gewürztraminergelee

Räucherforellenterrine mit Gewürztraminergelee und Apfelsalat an Blütenhonigvinaigrette

Zutaten

200 g Räucherforellenfilet, fertig zubereitet (empfehlenswert sind Forellen aus der Forellenzucht Blaas in Latsch, eine sehr gute Qualität aus glasklarem Quellwasser)

30 g Südtiroler Qualitätsbutter

1 TL gehackter Dill

1 Msp. geschnittene Zitronenschale

einige abgezupfte Thymianblättchen

100 g frische Trauben, wenn möglich Gewürztraminer

Zubereitung

Das Räucherforellenfilet, sowie Butter, Dill, Zitronenschale und Thymian in einen Mixer oder Cutter geben und 2 Minuten mixen. Beliebige Terrinenformen bis zur Hälfte mit der Masse füllen, kalt stellen. Die Trauben (eventuell halbieren) entkernen und auf das Forellenmus legen.

Gewürztraminergelee

¼ l Gewürztraminer

2 Blatt Gelatine

Die Gelatine in einer Schüssel mit kaltem Wasser einweichen. Den Gewürztraminer erhitzen, die ausgedrückte Gelatine in den Wein geben und auflösen. Die Flüssigkeit für 10 Minuten auskühlen lassen, dann in die vorbereiteten Terrinenformen mit dem mit Trauben belegten Forellenmus gießen und für 2 Stunden in den Kühlschrank stellen.

Apfelsalat

2 geschälte, in Stifte geschnittene Bio-Äpfel

100 g gewaschener „Vogele"- oder Nüssli-Salat

⅛ l lauwarmer Apfelsaft

2 EL Blütenhonig aus Südtirol

2 EL Apfelessig

3 EL Olivenöl Extra Vergine

1 Prise Salz und weißer, fein gemahlener Pfeffer

Den Apfelsaft, Honig, Apfelessig und Olivenöl in eine Schüssel geben und alles gut durchrühren; die Vinaigrette mit Salz und Pfeffer abschmecken.

Anrichten

Die Apfelstifte und den Salat auf die Teller verteilen, die Vinaigrette darüberträufeln. Die Terrinen kurz in heißes Wasser tauchen, aus den Formen lösen und auf die vorbereiteten Teller geben.

Tipp

Mit Blüten und Blumen garnieren. Statt Trauben können beliebige Früchte verwendet werden.
Viele Blumen, Blüten und Kräuter beziehen wir aus dem biologischen Gartenbau der Familie Gluderer vom sonnengelben Kräuterschlössl in Morter.

Die Vintschger Marille, die heimliche Prinzessin mit den roten Bäckchen

Als Herkunft und Urheimat der Marille gilt Nordchina. Sie gelangte über große Umwege nach Mittel- und Vorderasien, nach Persien, Armenien und Syrien. Wahrscheinlich verbreitete sie sich von Italien aus in die übrigen Länder des Mittelmeeres, auch dürften die Ausbreitungswege nach Westeuropa über Italien erfolgt sein.

Im Jahr 1509 taucht in einem Brief der bisher älteste Nachweis für den Ausdruck Marille, nämlich „Maryln", auf. In Süddeutschland, Österreich, der Schweiz und hier in Südtirol sollte sich dieser Name durchsetzen, der wahrscheinlich auf das italienische „armellino" zurückgeht. Diese Bezeichnung entstand wiederum aus dem Lateinischen „armeniaca", „aus Armenien stammend", was unserer Marille den melodischen Namen gab. Mit der wissenschaftlichen Bezeichnung „Prunus armeniaca" gehört sie schließlich zur Familie der Rosengewächse.

Dass unsere echten Vintschger Marillen pure Vitaminbomben sind, das hat sich mittlerweile weit herumgesprochen, die reifen Früchte enthalten Mineralstoffe, Spurenelemente, viele Vitamine, Eiweiß, Kohlenhydrate und Ballaststoffe. Von der alternativen Medizin, die ihre Beobachtungen von der Lebensweise und der hohen Lebenserwartung der Hundsa, eines Bergvolkes im Himalaja, ableitet, wird die Marille als Lebensverlängerin angesehen. Angeblich sind Krebserkrankungen bei diesem Bergvolk unbekannt.

Aus der echten Vintschger Marille machen wir heute gute Marmelade und Kompott; in das Kompott geben wir einige geschälte Kerne der Marille dazu, aber nur die Kerne der Vintschger Marille, die sind gut und nicht bitter.

Marillenknödel

Zutaten für 20 Stück

20 Vintschger Marillen
20 Stück Würfelzucker
200 g Topfen
150 g Mehl
100 g weiche Südtiroler Qualitätsbutter
ca. 20 g feiner Hartweizengrieß
1 mittleres Ei
1 Prise Salz

Zutaten zum Abschmälzen

150 g Südtiroler Qualitätsbutter
100 g Semmelbrösel
100 g Zucker plus
1 TL Zimt

Zubereitung

Butter und Ei flaumig rühren. Topfen, Mehl, Grieß und Salz dazugeben und gut durchkneten. Marillen an einer Seite öffnen, entkernen und mit je 1 Stück Würfelzucker füllen. Den Teig in 20 gleich große Portionen teilen und mit gut bemehlten Händen die Teigstücke mit der Marille zu Knödeln formen. In reichlich, leicht gesalzenem Wasser schwach siedend für 12 Minuten gar kochen.

Abschmälzen

Butter in einer Stielpfanne bei milder Hitze schmelzen. Semmelbrösel, Zucker und Zimt leicht anrösten und die fertig gekochten Marillenknödel darin vorsichtig schwenken und warm servieren.

Unsere Schatzkammer

Gänseleber-Paté mit Marillengelee

Zutaten

200 g Gänseleber (oder Entenleber)

100 g Südtiroler Qualitätsbutter

2 cl Weinbrand Sölva Südtirol oder Cognac

1 Prise Salz und weißer Pfeffer aus der Mühle

Zubereitung

Die Leber in kleine Stücke schneiden, in einen Cutter geben, Butter, Weinbrand oder Cognac dazugeben, würzen und mixen, bis die Masse ganz fein ist. Kleine Formen bis zur Hälfte mit der Masse füllen und in den Kühlschrank stellen.

Marillengelee

4 halbierte Marillen
(eingelegte Marillen eignen sich am besten)

⅛ l süßer Gewürztraminer

2 Blatt Gelatine

Die Gelatine in Wasser einweichen. Den Gewürztraminer bei kleiner Hitze erwärmen, die ausgedrückte Gelatine dazugeben und rühren, bis sich die Gelatine aufgelöst hat, etwas abkühlen lassen. Die Förmchen mit der Lebermasse aus dem Kühlschrank nehmen, die Marillen auf die Masse legen und mit dem noch flüssigen Gelee übergießen, kühl stellen.

Anrichten

Die Förmchen kurz in heißes Wasser tauchen, das Gänseleber-Paté mit dem Marillengeleehäubchen herauslösen und auf die vorbereiteten Teller geben.

Weinempfehlung

Zu diesem Gericht passt ausgezeichnet ein Vintschger Berg-Riesling oder auch ein Südtiroler Gewürztraminer.

Südtiroler Gewürztraminer

Der Gewürztraminer ist eine der drei autochthonen Südtiroler Rebsorten und zugleich eine der bekanntesten Reben Südtirols.
Umstritten ist, ob der Gewürztraminer wirklich aus Tramin stammt. Immerhin fand diese hochwertige und empfindliche Rebsorte bereits um das Jahr 1000 n. Chr. in Tramin Erwähnung und wurde im Mittelalter als Messwein an die Klöster in Südtirol und über die Pässe an die süddeutschen Klöster geliefert.
Der Gewürztraminer hat eine intensive gelbe Farbe mit Goldschimmer. Er ist ein gehaltvoller, körperreicher Weißwein, man findet neben verschiedenen Gewürznoten wie Vanille und Zimt die Aromen von tropischen Früchten, von Blütenhonig und auch Nelken. Sehr ausgeprägt ist der Duft – wie der meiner gelben Rosen im Garten.
Bekanntester Südtiroler Gewürztraminer ist wohl der „Nussbaumer“, ursprünglich wurde dieser Name vom Nussbaumerhof abgeleitet, der mit seiner 700-jährigen Weinbaugeschichte zu einem der ältesten Weinhöfe Tramins zählt. Verantwortlich dafür ist der Kellermeister der Kellerei Tramin und „Freund des guten Essens“ Willy Stürz, der mittlerweile internationale Anerkennung genießt.

Elena Walch ist bisher die einzige Frau aus der Südtiroler Weinszene, die sich auch international behauptet und mit dem Gewürztraminer „Kastelaz“ Riesenerfolge einheimst.
Weitere große Gewürztraminer sind der „Kolbenhof“ aus der Kellerei Hofstätter; sehr gut gefällt mir der „Puntay“ von der Ersten und Neuen Kellerei Kaltern, der „Crescendo“ vom Ritterhof in Kaltern und auch der Gewürztraminer vom Weingut Baron Widmann.
Südtirols Weinbau hat sich in den vergangen Jahrzehnten in Sachen Qualität derart gesteigert, dass es schon fast unmöglich ist, in einem Weingut oder in einer Kellerei einen weniger guten Gewürztraminer zu finden.

LUPICAIA
LUPICAIA
SASSICAIA
SASSICAIA
SASSICAIA
SASSICAIA
HAUT-MÉDOC
SANSONINA

Die Rose

Über die Rose gibt es unendlich viele Geschichten und Märchen. Sie wird besungen wie kaum eine andere Blume oder Pflanze und existiert seit Millionen Jahren, ist möglicherweise älter als die Menschheit selbst. Seit Jahrtausenden wird die Wildrose vom Menschen angepflanzt, veredelt, bewundert und verehrt. Es gab aber auch Zeiten, wo es still um die Rose wurde und sie sehr an ihrem schlechten Image litt, als sie in die halbseidene Welt abgerutscht war. Die Rose symbolisiert die Liebe, aber auch den Schmerz, denn es gibt keine echte Rose ohne Dornen.
Unser Daheim war, als meine Eltern noch gesund und in der Lage waren, die Gärten und Blumenbeete, die sie einst in ihren jungen Jahren mit Begeisterung angelegt hatten, zu pflegen, innen und außen immer voller Blumen, und natürlich durften die Rosen nicht fehlen. Meine liebe Mam, wie ich sie oft liebevoll nannte, zeigte mir immer wieder die von ihr zusammengestellten Blumensträußchen oder auch schönen Blumengestecke, die sie mit Begeisterung fertigte, um uns Kindern ein behagliches Zuhause zu bieten. Manchmal bat mich meine liebe Mam ihr zuzusehen, wie sie die Blumen aussuchte und zu einem Strauß band.
Ich denke oft daran, wie sie zu mir sagte: „Weißt du, Sonnele, heute brauchst du es nicht, dieses Wissen, aber solltest du es einmal brauchen, dann hast du es. Es sind oft kleine Dinge ohne großen Aufwand, die viel Freude bereiten, ohne sie fehlt einfach etwas!“ Und so war es auch.
Alle duftenden, veredelten und auch die wilden Rosen besitzen wertvolle Heilkräfte, die der Mensch für sich nutzen kann. Verwenden sollte man nur ungespritzte Blüten und Blätter. Beim Kauf eines Rosenstraußes sollte man darauf achten, die Rosen von heimischen Rosenzüchtern zu bevorzugen.
Hier einige Anregungen, was man mit dieser wunderschönen Blume auch kulinarisch alles machen kann.

Rosenbutter

Zutaten

250 g Südtiroler Qualitätsbutter

1 Handvoll bunte Rosenblätter
(in der Morgensonne gepflückt)

1 Prise Salz

Zubereitung

Die weiche Butter in eine Glasschüssel geben, die geputzten Rosenblätter fein aufschneiden, der Butter beimengen, etwas salzen, alles gut verrühren und zum Schluss auf kleine Schälchen verteilen.

Zum Aufbewahren

Klarsichtfolie auslegen, die Butter in die Mitte geben und wie eine Wurst gleichmäßig einrollen, an beiden Enden aufdrehen und für einige Zeit in den Kühlschrank stellen. Zum Servieren kleine, 2 cm dicke Rädchen abschneiden und vor dem Essen zu frischen Brötchen oder zu heißen Kartoffeln servieren. Wenn Sie diese Butter auf Vorrat halten wollen, dann kann sie auch für 2-3 Wochen tiefgefroren werden.
Aus ungespritzten, aufgeblühten Rosendoldenblättern kann man eine erfrischende Bowle zubereiten, man kann in Streifen geschnittene Blätter unter die Pasta mengen, oder man kann köstliche Sorbets sowie Eis herstellen. Alles, was man dazu braucht, ist nur etwas Zeit und Fantasie. Auch für die Tischdekoration: Dekorieren Sie den gedeckten Tisch mit Blättern von Rosendolden, einigen schönen Blüten, mit Kerzen und einfach gefalteten Servietten, verziert mit Rosenblättern.

Tipp:
Zu unseren süßen Rosengerichten passt der Südtiroler Rosenmuskateller.

Kartoffelteigtaschen mit Gänseleber und Schokolade auf Apfelmus

Kartoffelteig

400 g mehlige, gekochte und geschälte Kartoffeln, wenn erkaltet passieren

100 bis 200 g Mehl (je nach Stärkegehalt der Kartoffeln)

1 Ei

1 Prise Muskatnuss

etwas Salz

Aus den Zutaten einen geschmeidigen Teig herstellen und für 1 Stunde kühl stellen.

Füllung

300 g Gänseleber (4 Scheiben etwas größer lassen, den Rest in ganz feine Scheibchen schneiden)

100 g weiße Schokolade, klein gehackt

1 Eidotter

Zubereitung

Den Kartoffelteig so dünn wie möglich ausrollen, runde Teigblätter von etwa 6 cm Durchmesser ausstechen, die dünnen Gänseleberscheibchen und die Schokolade darauf geben. Den Teigrand mit Eidotter bestreichen und ein zweites Teigblatt darauflegen, gut verschließen und in kochendem Wasser ca. 4 Minuten garen, herausnehmen.

Apfelmus

5 Südtiroler Golden Delicious, geschält und geschnitten

½ l Apfelsaft oder Wasser

1 kurze Zimtstange

1 Prise Nelkenpulver

Zucker nach Belieben

Alle Zutaten in einem Topf mit dem Apfelsaft oder Wasser 10 Minuten kochen lassen, die Zimtstange entfernen, den Rest passieren und warm stellen.

„Nussbutter"

100 g Südtiroler Qualitätsbutter

50 g geriebene Nüsse

Die Butter in einer Stielpfanne aufschäumen lassen, die restlichen 4 Gänseleberscheiben und die Teigtaschen dazugeben, mit den Nüssen bestreuen und alles in der Pfanne schwenken.

Anrichten

Das Apfelmus auf angewärmten Tellern verteilen; die Teigtaschen und jeweils 1 Stück Gänseleber dazugeben und mit Apfelblüten oder Rosenblütenblättern garnieren.

Weinempfehlung

Zu diesem Gericht passen unterschiedliche Weine, vor allem aber ein Südtiroler Gewürztraminer.

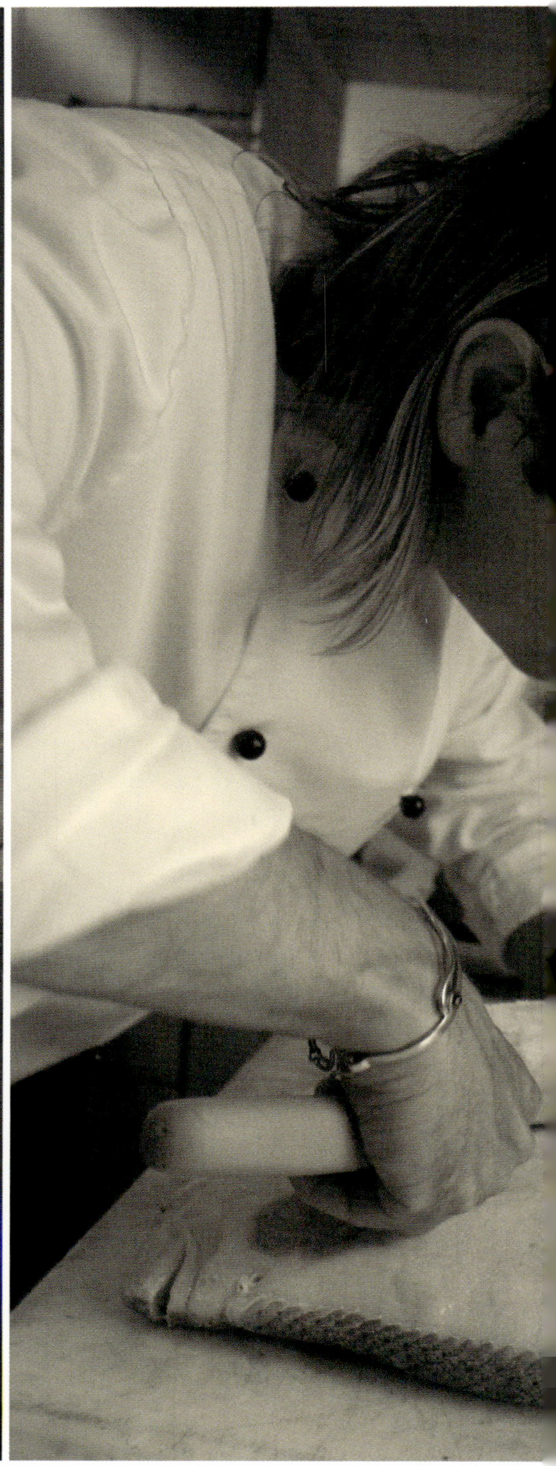

Jörg beim Tranchieren eines Steinbutts

Hantieren mit Meeresgetier

Steinbutt mit Schaum und Taggiasche-Oliven

Zutaten

1 großer Steinbutt (3-4 kg) oder die Filets
⅛ l Rahm
1 kleiner Rosmarinzweig
1 EL Soja-Lecithin (in der Apotheke erhältlich)
Olivenöl Extra Vergine
etwas Fleur de Sel
16 Taggiasche-Oliven ohne Stein, in Olivenöl eingelegt
4 frische Blüten oder Kräuter nach Wahl zum Garnieren

Zubereitung

Den Steinbutt auslösen, die Gräten entfernen und die Steinbuttfilets beliebig portionieren; die Fischabschnitte in kleinere Stücke schneiden und zusammen mit dem Kopf in einen Topf mit ca. 2 l Wasser geben; alles eine Stunde einkochen lassen, abseihen, in einen kleineren Topf geben und nochmals zur Hälfte einkochen lassen, mit Salz abschmecken, den Rahm beigeben und warm stellen. Das Olivenöl in einer Bratpfanne (mit Deckel) leicht erhitzen und die Filets hineinlegen. Mit geschlossenem Deckel und bei kleiner Hitze auf beiden Seiten anbraten; den Rosmarin hinzufügen und für knapp 8 Minuten weiterdünsten. Der Fisch sollte innen noch glasig sein. Das Soja-Lecithin zum abgeschmeckten warmen Fischsud geben und so lange mixen, bis sich Schaum bildet.

Anrichten

Den Steinbutt auf die Teller legen und den Fischschaum mit einer kleinen Schaumkelle oder einem Löffel über die Filets geben, mit den Taggiasche-Oliven und den Blüten garnieren und sofort servieren.

Gebratene Jakobsmuschel, Erbsenpüree und Schmortomate auf Senf-Kapern-Creme

Zutaten

4 große, frische Jakobsmuscheln
150 g Kapern
50 g süßer Senf
⅛ l Gemüsebrühe
Olivenöl Extra Vergine
1 Prise Salz und Pfeffer aus der Mühle
20 entsteinte Taggiasche-Oliven
4 Dillzweige zum Garnieren

Zubereitung

Die Kapern und den Senf in den Cutter geben und zerkleinern, in einen kleinen Topf geben, mit etwas Brühe verfeinern und leicht erhitzen, warm stellen. Die mit Salz und Pfeffer gewürzten Jakobsmuscheln in Olivenöl auf beiden Seiten vorsichtig anbraten (ca. 3 Minuten pro Seite), die Muscheln sollten einen leicht glasigen Kern haben.

Erbsenpüree

300 g Erbsen
1 mittelgroße Kartoffel
30 g Südtiroler Qualitätsbutter
1 Prise Salz

Die Kartoffel schälen und in kleine Stücke schneiden, zusammen mit den Erbsen in einem Kochtopf mit gesalzenem Wasser weich kochen. Abseihen, die Butter dazugeben und mit einem Stabmixer pürieren, mit Salz abschmecken, warm stellen.

Schmortomate

2 große Tomaten
1 EL gehackter, frischer Zitronenthymian
Olivenöl Extra Vergine
1 Prise Salz

Die Tomaten für 2 Minuten in kochendes Wasser geben, in Eiswasser schocken, die Haut abziehen, vierteln und das Kerngehäuse entnehmen. Die Tomatenfilets auf ein Backblech geben, mit Zitronenthymian und Salz würzen. Mit Olivenöl beträufeln und für 2 Stunden bei ca. 80° im Backofen schmoren.

Anrichten

Das Erbsenpüree in die Mitte der Teller geben, die Senf-Kapern-Creme um das Püree drapieren, mit den Oliven garnieren. Die Schmortomate, den Dillzweig und die Jakobsmuschel darauf platzieren.

Karotten-Zitronengras-Süppchen mit Tintenfisch

Zutaten

1 kleiner, frischer Tintenfisch (Oktopus) (ca. 500 g)
500 g Karotten, vorzugsweise aus biologischem Anbau
2 Stangen frisches Zitronengras
1 ½ l Gemüsebrühe oder Suppe
1 EL gehackte Petersilie
Olivenöl Extra Vergine
Salz und Pfeffer

Zubereitung

Den Tintenfisch in einem geschlossenen Topf mit reichlich Wasser ca. 1-2 Stunden weich kochen und dann putzen, d.h. unter laufendem Wasser von der Haut befreien. Den Tintenfisch trocken tupfen, in feine Scheibchen schneiden, mit Salz und Petersilie verfeinern; in kleine Timbaleformen geben, mit den Fingern fest andrücken und warm stellen. Während der Tintenfisch kocht, die Brühe in einen etwas größeren Topf geben. Die Karotten waschen, schälen und in kleinere Stücke schneiden; das Zitronengras waschen und die äußeren Blätter entfernen, dann zerkleinern und mit den Karotten zur Suppe geben und alles weich kochen. Mit einem Stabmixer pürieren, durch ein Spitzsieb streichen, damit das Zitronengras und die größeren Stücke zurückbleiben. Mit Salz und Pfeffer abschmecken und warm stellen.

Anrichten

Die Karottencreme auf die Teller verteilen und den Tintenfisch vorsichtig dazugeben, mit etwas Olivenöl beträufeln.

Tipp

Anstatt Timbaleformen können Gläser oder kleinere Tassen benutzt werden.

Hummer

Zutaten

1 Hummer
50 g Südtiroler Qualitätsbutter
Olivenöl Extra Vergine
Fleur de Sel und Pfeffer

Zubereitung

Den Hummer in einem großen Topf mit reichlich kochendem Wasser für ca. 5 Minuten kochen, von der Feuerstelle nehmen und 10 Minuten ziehen lassen; in Eiswasser abschrecken, vom Panzer befreien und den Darm entnehmen. Den Hummerschwanz in Medaillons schneiden, in einer Pfanne das Olivenöl und die Butter nicht zu stark erhitzen und die gewürzten Medaillons darin vorsichtig schwenken.

Im Sinne einer optimalen Resteverwertung können die Karkassen des Hummers zu einer schmackhaften Hummersauce weiter verarbeitet werden.

Hummersauce

Karkassen vom Hummer
300 g gehäutete Kirschtomaten
½ l Fischfond
2 EL Tomatenmark
1 EL Südtiroler Qualitätsbutter
1 Handvoll frisches, gehacktes Basilikum
Olivenöl Extra Vergine
Fleur de Sel und Pfeffer

In einem Topf die klein gehackten Karkassen kurz in Olivenöl anschwitzen, mit Tomatenmark verrühren, vorsichtig ankochen lassen und mit dem Fischfond ablöschen. Aufkochen lassen, durch ein Passiertuch gießen und den Fond weiterköcheln lassen. Dann die Kirschtomaten dazugeben, wieder aufkochen lassen, mit Fleur de Sel und Pfeffer abschmecken und das klein geschnittene Scherenfleisch dazugeben.Vor dem Servieren den Hummerfond mit Butter und Basilikum verfeinern. Die Sauce passt sehr gut zu Nudelgerichten oder auch zu den Hummermedaillons.

Tipp

Zu delikaten Fischspezialitäten passt am besten ligurisches Olivenöl oder Olivenöl aus der Umgebung des Gardasees.

Safran-Orzotto mit Jakobsmuschel auf samtiger Maikönigcreme

Zutaten

4 große, frische, geputzte Jakobsmuscheln
Olivenöl Extra Vergine
Salz und weißer Pfeffer

Safran-Orzotto

240 g feine Gerste
1 l Gemüsebrühe
einige Safranfäden, eingelegt in ein Gläschen guten Weißweins oder Brühe
Salz
unbehandelte Garten- oder Wiesenblumen zum Garnieren

Maikönigcreme

1 Kopf Maikönig (Lattuga)
1 mittelgroße Kartoffel
1 EL gehackte, weiße Zwiebel
2 Tassen Gemüsebrühe
einige Eiswürfel
1 Prise Salz und Pfeffer aus der Mühle

Zubereitung

Die Gerste in Olivenöl kurz andünsten, mit dem Weißwein inklusive der Safranfäden ablöschen, mit Gemüsebrühe aufgießen, salzen und etwa 50 Minuten köcheln lassen, bis die Gerste nach Ihrem Geschmack weich gekocht ist.
Für die Maikönigcreme die Kartoffel waschen, schälen und zerkleinern. In einer Pfanne die Zwiebel in etwas Olivenöl leicht anschwitzen, mit der Gemüsebrühe aufgießen, die Kartoffel dazugeben und weich kochen; auskühlen lassen. Den Kopfsalat waschen und in kochendem Wasser kurz blanchieren, herausnehmen und in kaltem Wasser abschrecken, damit die grüne Farbe erhalten bleibt. Die weich gekochten Kartoffelstücke und den Kopfsalat zusammen mit einigen Eiswürfeln pürieren, wieder leicht erhitzen und warm stellen.
In eine beschichtete, nicht zu heiße Bratpfanne etwas Olivenöl geben und die gewürzten Jakobsmuscheln auf beiden Seiten vorsichtig anbraten, sie sollten innen noch glasig sein.

Anrichten

Die Safrangerste auf die Teller geben, mit Maikönigcreme umranden, die Jakobsmuschel auf die Gerste legen und mit Blumen garnieren.

Weinempfehlung

Zu diesem Gericht empfehlen wir einen Südtiroler Chardonnay.

Südtiroler Chardonnay

Der „Löwengang" Chardonnay ist von goldgelber Farbe, sehr gut strukturiert, er erinnert leicht an süße Gewürze und Blumen mit einem Hauch von Banane und Ananas; er ist mineralisch und zugleich sehr elegant und harmonisch.

Alois Lageder ist ganz sicher ein „Frontmann", ein Mann von Welt unter Südtirols Weinmachern, ein Menschenfreund, der in seiner Umgebung und überall, wo er auftaucht, mit seinem Wesen, seiner einnehmenden Art und seinem Wissen eine angenehme Atmosphäre verbreitet. Er war in Südtirol der Erste, der sich mit Umweltschutz und Umwelttechnik in seiner Weinproduktion auseinandersetzte; zusammen mit seinem Schwager, dem Kellermeister Alois von Dellemann, zeigte er neue Wege auf, die bis heute richtungsweisend geblieben sind.

Das Weingut Alois Lageder steht für einen hohen Qualitätsanspruch und eine nachhaltige und ganzheitliche Vorgehensweise. Aus der Sicht von Alois Lageder bedingen sich diese Komponenten geradezu gegenseitig. „Biodynamie ist für mich eine logische Konsequenz, ein Teil des Ganzen, der Nachhaltigkeit", sagt er. „Biodynamische Landwirtschaft ist die konsequenteste Form des natürlichen Arbeitens im Weinberg und auch die in sich schlüssigste, da sie die Gesetze der Ganzheitlichkeit in der Natur respektiert und damit die Rebe, die Erde und den Kosmos vereint und in ihr natürliches, biologisches Gleichgewicht bringt." Alois Lageder denkt und handelt nachhaltig, und dies bereits seit mehr als zwei Jahrzehnten. So wurde schon zu Beginn der 1990er-Jahre der Weingutsneubau (der Ausrichtung im Weinbau entsprechend) konsequent nach baubiologischen und ökologischen Kriterien durchgeführt. Das Gebäude wurde als Niedrigenergiebau geplant und weitestgehend aus baubiologischen Materialien errichtet. Alle machbaren Energieeinsparmöglichkeiten wurden berücksichtigt, und es wurden, wenn möglich, alternative, örtlich verfügbare Energiequellen genutzt.

Nachhaltiges Handeln und Wirtschaften bedeutet für Alois Lageder Respekt vor der Natur, Wertschätzung des Lebensraumes, Verantwortung gegenüber den Mitmenschen und den nachkommenden Generationen. Biodynamie ist daher ein Teil dieser ganzheitlichen Unternehmenskultur. Biodynamie bedeutet für Alois Lageder einen qualitativen Schritt nach vorne.

Kuppelrainer Lammeintopf

Zutaten

600 g vom Knochen gelöstes Lammfleisch (Schulter oder Schlegel)

100 g Kichererbsen, für 4 Stunden eingeweicht

2 mittelgroße Kartoffeln

2 Selleriestangen

1 rote, frische Paprikaschote

2 kleine Zwiebeln

2 l Gemüsebrühe zum Aufgießen

1 EL gehackte Petersilie

Olivenöl Extra Vergine

etwas Peperoncino

Salz und Pfeffer aus der Mühle

Zubereitung

Das Lammfleisch in kleinere Stücke schneiden, die gewaschenen Selleriestangen in dünne Scheibchen schneiden, die Kartoffeln waschen, schälen und in 2 cm große Würfel schneiden, die Paprikaschote waschen und klein würfeln, die Zwiebeln fein hacken. In einen mittleren Kochtopf etwas Olivenöl geben und die Zwiebeln darin glasieren, das Lammfleisch dazugeben und leicht dünsten, aber nicht braun werden lassen; nach und nach die übrigen Zutaten (außer Peperoncino, Salz und Pfeffer) hinzufügen, mit der Gemüsebrühe aufgießen, kurz aufkochen und für eine Stunde bei niedriger Hitze köcheln lassen, mit Salz, Pfeffer und dem Peperoncino abschmecken, nochmals kurz aufkochen und mit Vintschger Brot servieren.

Weinempfehlung

Zu diesem Gericht passt ausgezeichnet ein biologisch angebauter Blauburgunder aus dem Vintschgau von Baron Kripp vom Weingut Stachelburg oder an heißen Sommertagen ein gekühlter Vernatsch vom Vintschger Sonnenberg.

Kakao-Taglierini in Südtiroler Käsesauce mit schwarzem Trüffel

Zutaten

200 g Hartweizenmehl
50 g reines Bio-Kakaopulver
2 Eier
Olivenöl Extra Vergine
1 Prise Salz

Käsesauce

¼ l Rahm
200 g weicher milder Südtiroler Käse
etwas schwarzer Trüffel (findet man im Feinkostladen)

Zubereitung

Aus Mehl, Salz, Eiern und Kakaopulver einen geschmeidigen Teig kneten, je nach Konsistenz des Teigs etwas Olivenöl dazugeben. Den Teig in Klarsichtfolie einwickeln und 1 Stunde an einem kühlen Ort ruhen lassen. In der Zwischenzeit den Käse in kleine Stücke schneiden und mit dem Rahm in eine Pfanne geben. Unter ständigem Rühren auf niedriger Flamme zu einer cremigen Sauce rühren. Achten Sie darauf, dass die Käsesauce nicht anbrennt und halten Sie diese im heißen Wasserbad warm.
In einem Kochtopf leicht gesalzenes Wasser zum Kochen bringen. Währenddessen den Teig dünn ausrollen und mit dem Krapfenrad dünne Nudelstreifen schneiden oder mithilfe einer Nudelmaschine Taglierini herstellen. Die Kakao-Taglierini in das kochende Wasser geben und 3 Minuten kochen lassen, dann abseihen.
Die Nudeln in der Käsesauce schwenken, kurz aufkochen und auf vorgewärmten Tellern anrichten. Nach Belieben Trüffel in feinen Scheibchen über die Nudeln hobeln. Sofort heiß servieren.

Risotto mit Kaninchenfilet und Muskatkürbis auf Brennnesselcreme

Zutaten
200 g Kaninchenfilet, ersetzbar durch jedes andere weiße Fleisch

240 g Reis Superfino Carnaroli

100 g geschälter, in Würfelchen geschnittener Muskatkürbis

1 l Gemüsebrühe

40 g Südtiroler Qualitätsbutter

30 g geriebener Parmesankäse

Olivenöl Extra Vergine

Salz und Pfeffer aus der Mühle

Zubereitung
In einem Kochtopf die Kürbiswürfelchen in Olivenöl leicht anschwitzen; den Reis dazu geben, glasig andünsten, nach und nach mit der warmen Gemüsebrühe aufgießen und für ca. 15 Minuten unter ständigem Rühren köcheln lassen. Sobald der Risotto eine bissfest-cremige Konsistenz hat, von der Feuerstelle nehmen und kurz ziehen lassen.
In einer Pfanne das mit Salz und Pfeffer gewürzte Kaninchenfilet ca. 3-5 Minuten in Olivenöl anbraten. In der Zwischenzeit den Risotto mit Butter, Parmesankäse, Salz und Pfeffer verfeinern.

Brennnesselcreme
100 g frische Brennnesselspitzen

⅛ l Gemüsebrühe

1 Prise Salz

Die Brennnesseln blanchieren und in Eiswasser abschrecken, in ein Spitzsieb geben und ausdrücken, zur erwärmten Gemüsebrühe geben, pürieren und mit Salz abschmecken. Bis zum Servieren warm halten.

Anrichten
Die Brennnesselcreme auf die Teller verteilen, den cremigen Risotto in die Mitte geben, das in Tranchen geschnittene Kaninchenfilet darauflegen und servieren.

Gebratener Spanferkelrücken mit Garnelen im Speckmantel, Kichererbsenpüree und jungen Lauchzwiebeln

Zutaten

1 kg Spanferkelrücken, ausgelöst ohne Knochen
4 große Garnelen
8 Scheibchen dünn geschnittener, leicht angeräucherter Südtiroler Bauchspeck
8 Lauchzwiebeln
1 kleines Bier
10 g Zucker
20 g Südtiroler Qualitätsbutter
Olivenöl Extra Vergine
Kräutersalz und Pfeffer aus der Mühle

Zubereitung

Das Fleisch würzen und im Ganzen in einer großen Pfanne mit Olivenöl auf allen Seiten anbraten, bis das Fleisch Farbe hat, mit Kräutersalz und Pfeffer würzen. Im vorgeheizten Rohr bei 160° ca. 60 Minuten garen, dabei immer wieder mit dem eigenen Saft und dem Bier übergießen. Den Fleischsaft vom Spanferkel auffangen, in eine kleine Pfanne geben, warm halten und vor dem Servieren in eine Sauciere gießen.
Die Lauchzwiebeln waschen, die kleinen Wurzeln entfernen und das Grün bis auf 3-4 cm abschneiden, in kochendem Wasser blanchieren und im kalten Wasser kurz abkühlen. Schließlich der Länge nach teilen, in einer Bratpfanne mit wenig Olivenöl auf beiden Seiten anbraten und mit Zucker und Butter karamellisieren, bis zum Servieren warm stellen.
Die Garnelen, wenn nötig, aus der Schale nehmen und den Darm entfernen. Danach der Länge nach teilen und in die Speckscheibchen einwickeln, in einer Teflonpfanne auf beiden Seiten bei mittlerer Hitze 3 Minuten braten und warm halten.

Kichererbsenpüree

100 bis 150 g Kichererbsen, am Vortag eingeweicht
½ gehackte, kleine Zwiebel
1 ½ l warme Gemüse- oder Fleischbrühe
100 ml frischer Rahm
Olivenöl Extra Vergine
1 Prise Salz und Pfeffer aus der Mühle

In einen Topf etwas Olivenöl geben und die Zwiebel darin dünsten, die abgetropften Kichererbsen dazugeben und weiterdünsten, bis sie leicht glasig werden. Einen Teil der warmen Gemüsebrühe dazugießen und die Kichererbsen weich kochen. Die Kichererbsen abseihen, im Topf mit dem Stabmixer pürieren, den Rahm dazugeben und, wenn nötig, etwas von der warmen Brühe nachgießen. Salzen und pfeffern, dann warm stellen.

Anrichten

Das Spanferkel in Scheiben schneiden, die Lauchzwiebeln und die Garnelen drauflegen, das Kichererbsenpüree und den Bratensaft heiß dazu servieren.

Vintschger Blauburgunder

Es ist immer wieder erstaunlich, welch gute Weine im Vintschgau gekeltert werden.
Der Blauburgunder findet hier ideale Böden und Lagen: Auf Urgesteinschiefer, unter intensiver Sonnenbestrahlung und besten Klimaverhältnissen gedeiht im Weingarten bei guter Pflege ein prächtiger Blauburgunder, der den Vergleich im nationalen Bereich nicht zu scheuen braucht. Der Blauburgunder, der heimliche König der Rotweine, ist sehr anspruchsvoll. Die Blauburgunderrebe liebt die Sonne des Vintschger Sonnenberges, wo sie bis auf fast 800 Meter Meereshöhe angebaut wird.
Zu den Pionieren des neuen Vintschger Weinbaus gehört Hubert Pohl Senior, der schon in den 1970er-Jahren in Kastelbell Blauburgunderreben gepflanzt hat. Das war damals im Vintschgau eine absolute Neuheit. Ein Pionier ist auch Oswald Schuster vom Befehlhof, der in der Umgebung von Vezzan Blauburgunderreben pflanzte; später wurden auf Castel Juval und Naturns weitere Weingärten mit Blauburgunder angelegt.
Burkard Pohl, akademischer Bio-Weinbauer vom Tschiggelehof, produziert hier in Kastelbell auch einen höchst interessanten und guten Blauburgunder.
Die bekanntesten Südtiroler Lagen für Blauburgunder sind Mazzon und Montan mit Umgebung im Südtiroler Unterland und mittlerweile auch die Lagen am Fuß und die Hanglagen des Sonnenbergs im Vintschgau.

Vintschger Schafe auf dem Weg zur Sommerweide ins Ötztal

Vintschger Zauberwelt, leicht zugänglich in Sulden

Vintschger Korn

So schmeckt der Sommer

Rohnensalat und karamellisiertes Weißkraut als herbstliche Begleiter

Rohnensalat

4 gekochte, geschälte und in feine Scheiben geschnittene Rohnen (Rote-Bete-Knollen)

1 kleine Tasse klare, heiße Fleisch- oder Gemüsebrühe

1 TL gehackte Petersilie

3 EL Apfelessig

4 EL Olivenöl Extra Vergine

Salz und Pfeffer aus der Mühle

Die Rohnen in eine Schüssel geben, mit Petersilie, Salz und Pfeffer, Olivenöl und Essig abschmecken, zum Verfeinern etwas Brühe dazugeben und untermengen.

Karamellisiertes Weißkraut

1 Kopf Weißkraut (ca. 1 kg)

50 g Südtiroler Qualitätsbutter

30 g Zucker

etwas Paprikapulver

1 Msp. Zimt

1 Prise geriebene Muskatnuss

Olivenöl Extra Vergine

Salz und Pfeffer aus der Mühle

Vom Weißkraut die äußeren Blätter entfernen, dann vierteln, den Strunk herausschneiden und nicht zu fein schneiden. In einer Stiel- oder Bratenpfanne das Olivenöl leicht erhitzen, darin das Weißkraut unter ständigem Rühren weich dünsten, nach und nach den Zucker und die Butter beigeben, mit Zimt, Muskatnuss und Paprikapulver würzen, mit Salz und etwas Pfeffer abschmecken, heiß servieren.

Tipp

Sowohl der Rohnensalat als auch das karamellisierte Weißkraut eignen sich hervorragend als Beilage zu Enten- und Gansgerichten.

Martini- oder Weihnachtsgans

Zutaten

1 Gans (ca. 4 kg)
3 Pfirsiche oder 3 unbehandelte Bio-Orangen
2 Südtiroler Äpfel
50 g Waldhonig aus Südtirol
1 kleines helles Bier
1 großer Rosmarinzweig
1 kleiner Bund Petersilie
Salz und Pfeffer aus der Mühle

Zubereitung

Zum Martinigansl die Pfirsiche und zur Weihnachtsgans die Orangen verwenden. Die Gans mit Honig einreiben, innen und außen salzen und pfeffern. Die Äpfel in Scheiben schneiden, die Petersilie und den Rosmarin grob hacken, eine Orange oder einen Pfirsich grob schneiden, alle Zutaten vermischen und die Gans damit füllen. Im Backrohr bei 240° für 30 Minuten auf allen Seiten schön anbraten und immer wieder drehen. Sobald die Gans Farbe hat, die Temperatur auf 170° zurückdrehen, das Bier zum Bratensaft gießen und damit die Gans immer wieder übergießen. Die Bratzeit beträgt etwa 2 Stunden. Die übrigen Früchte schälen und filetieren, mit 3 Esslöffeln Honig süßen, etwas vom Bratensaft nehmen und die Früchte damit in einer kleinen Pfanne leicht andünsten, dann warm stellen.

Anrichten

Die Gans tranchieren, auf einer Platte anrichten, mit dem aufgefangenen Bratensaft übergießen und den Früchten garnieren.

Weinempfehlung

Zu diesem Gericht passt ausgezeichnet eine edle Südtiroler Rotwein-Cuvée.

Rehmedaillons mit Gänseleber und Preiselbeersauce

Zutaten

600 g Rehrücken
(vom Knochen ausgelöst, in 8 Stücke geschnitten)

4 Scheibchen Gänseleber

100 g eingelegte Preiselbeeren

Olivenöl Extra Vergine

Kräutersalz und Pfeffer aus der Mühle

Sauce

1 kg Rehknochen (vom Metzger zerkleinert)

200 g Wurzelgemüse, in Würfel geschnitten
(Karotten, Sellerie, Lauch oder Zwiebeln)

1 l Gemüsebrühe zum Aufgießen

½ l kräftiger Südtiroler Rotwein

30 g Preiselbeerkonfitüre

etwas Mehl zum Bestäuben der Knochen

1 Msp. hochwertiges, dunkles Kakaopulver

1 TL bestes, mildes Rosenpaprikapulver

1 Lorbeerblatt

Salz und Pfeffer

Zubereitung

Die Knochen und das Wurzelgemüse gut anrösten, mit Mehl bestäuben und nochmals anrösten, mit dem Wein und einem Teil der Gemüsebrühe ablöschen. Sobald die Flüssigkeit eingekocht ist, mit der restlichen Gemüsebrühe aufgießen, die Preiselbeerkonfitüre, die Gewürze und das Kakaopulver dazugeben und für ca. 2 Stunden leicht köcheln lassen. Anschließend die Wildgrundsauce abseihen und leicht salzen und pfeffern.
Die Medaillons salzen und pfeffern, in einer nicht zu heißen Pfanne in Olivenöl auf beiden Seiten kurz anbraten und mit der Wildgrundsauce ablöschen, die Preiselbeeren dazugeben, aufkochen lassen und falls nötig nachwürzen; warm stellen. Die Gänseleber ebenso in einer beschichteten, nicht zu heißen Pfanne auf beiden Seiten kurz anbraten.

Anrichten

Die Rehmedaillons durchschneiden, in die Mitte des Tellers geben, die Gänseleber darauflegen und mit Sauce und Preiselbeeren garnieren.

Tipp

Sollte etwas Wildgrundsauce übrig bleiben, kann man diese in einem geeigneten Gefäß einfrieren und bei der Zubereitung des nächsten Wildgerichts wieder verwenden, dadurch wird die Zubereitungszeit enorm verkürzt.

Weinempfehlung:

Zu diesem Gericht passt ausgezeichnet ein Südtiroler Lagrein.

Südtiroler Lagrein

Der Südtiroler Lagrein war immer schon einer meiner (roten) Lieblingsweine. Dieser Rotwein wird meistens zu jung getrunken. Der Lagrein Riserva sollte meiner Meinung nach mindestens fünf Jahre im Keller lagern, meine Erfahrung hat mir das immer wieder bestätigt.

Ein guter Lagrein sollte im Trunk harmonisch, vollmundig und im Abgang samtig und anhaltend sein. Der Lagrein Riserva ist langlebig und von rustikaler Eleganz. Er präsentiert sich in dunklem Rubinrot, und er schmeckt nach vollreifen roten Waldbeeren, mit dem Duft unserer roten Rosen und reifen Pflaumen, auch mit einem Hauch von Vanille und Schokolade – um nur einige Duftnoten aufzuzählen. Die Liste würde sehr lang werden, wollte man alle Duftnoten aufzählen, die man in einem wirklich guten Lagrein entdecken kann.

Die bekanntesten Lagen des Lagrein sind Gries bei Bozen sowie St. Magdalena und Umgebung. Hier im Vintschgau gibt es einzelne Weingärten, in denen Lagrein „mit“ angebaut wird, es ist jedoch nicht mehr als ein Versuch.

Bei uns im Restaurant trafen sich einmal im Jahr die Kastelbeller „Weinmacher“ mit ihrem selbst gekellerten Wein zur Dorfverkostung zur Vorentscheidung der Vintschger Weinkost.

An einem dieser Abende war auch Andreas Prister mit seinem Rotwein dabei. Jeder Teilnehmer hatte seinen eigenen Wein mitgebracht, es wurde professionell verkostet und auf Typizität, Sorte, Farbe und Geschmack geachtet, sowie darauf ob ein Wein Gärungsfehler oder andere Defekte hatte.

Die Verkostung wurde immer von zwei anerkannten Weinfachleuten kommentiert, die in und um Südtirol in Sachen Wein Gewicht hatten. Als Herr Prister mit seinem Wein an der Reihe war, staunten alle im Saal, denn die Farbe seines Lagreins konnte schöner nicht sein: reintönig mit einem Hauch von reifen Holunderbeeren, weich und vollendet im Geschmack.

Damit war er der Sieger des Abends. Andreas Prister wurde von allen Seiten gelobt und ermuntert, so weiterzumachen, denn er sei auf dem richtigen Weg. Als der Vielgelobte endlich selbst zu Wort kam, erzählte er die Geschichte seines Weins. Sein Weingarten liege an einem sehr sonnigen, vor der Kälte geschützten Plätzchen, das von Holundersträuchern begrenzt werde. Sein kleines Reich habe er mit Lagrein und auch Blauburgunderreben bepflanzt. Da nun der Herbst sehr schön war, ließ er die Trauben bis Ende Oktober, einige auch noch etwas länger an den Rebstöcken reifen. Beim Wimmen an einem schönen Herbsttag, so der Ander, seien ihm dann die Holunderbeeren, die fast schon schwarz leuchteten und nur darauf warteten, dass sich jemand ihrer annähme, ins Auge gestochen. Da habe er die Beeren kurzerhand mit geerntet und unter die vollreifen „Weimer“ gemischt.

Rote Südtiroler Cuvées

COL DE RÉY

Diese rote Cuvée stammt vom Südtiroler Landesweingut Laimburg. Dieses wurde 1975 als Teil des gleichnamigen Land- und Forstwirtschaftlichen Versuchszentrums gegründet und gilt als das Aushängeschild für den Südtiroler Wein.

„Col de Réy" ist ein sehr samtiger, kräftiger Rotwein. Von dunklem Purpurrot, erinnert er an schwarze Kirschen und reife rote Beeren. Ein beeindruckender Wein, körperreich und gerbstoffbetont, mit feiner Herbe und im Abgang lang anhaltend. Seinen Namen verdankt der „Col de Réy" der ladinischen Sagenwelt. Er spiegelt auf einzigartige Weise das Zusammenspiel von autochthonen und internationalen Rebsorten wider – von Lagrein, Petit Verdot und Tannat, mit Trauben aus Hügellagen von höchster Güte.

Der ungekrönte Weinkönig Klaus Platter, der stets neue Wege beschreitet, hat mit diesem Wein wieder einen Stein in sein großes Weinmosaik gefügt.

FRAUENRIEGEL

Dieser Rotwein ist ein ganz spezieller, so wie auch der Winzer: Peter Dipoli ist ein Winzer, der seinen Traum lebt. Peter Dipoli ist ein Weinmacher mit starkem Charakter, er ist ein Denker und überzeugt, dass die Zukunft des Weines ausschließlich in hervorragender Qualität liegt.

Neuerungen lehnt er nicht ab, im Gegenteil, Peter ist immer auf der Suche nach dem Besonderen, nach dem Speziellen: So hat er etwa 2003 an den Osthängen zwischen Tramin und Kurtatsch oberhalb der Weinstraße einen kleinen Weinberg erstanden. Die extreme Steillage weist einen lehmreichen Kalkboden auf und besitzt somit alle Voraussetzungen für einen großen Rotwein. Zur Hälfte ist der kleine Weinberg mit Cabernet Franc und zur Hälfte mit Merlot bepflanzt.

Der Name „Frauenriegel" für diese Parzelle ist im Grundbuch eingetragen und wurde von Peter Dipoli urheberrechtlich geschützt. Der erste Ausbau mit ca. 1600 Flaschen ging aus der Ernte 2006 hervor: Diese exzellente Rotwein-Cuvée ist allen tüchtigen Frauen gewidmet. Man und frau kommt ins Schwärmen, sobald der erste Schluck getrunken ist. Genauso außergewöhnlich wie dieser Wein ist der Winzer selbst: immer auf der Suche nach dem vollkommenen Genuss und der vollkommenen Harmonie – beim Wein ebenso wie beim Essen.

Tipp

Diese zwei kräftigen Rotweine passen zu Wild, zu gebratenem dunklem Fleisch und zu gereiftem, pikantem Käse.

Kirschcremesorbet

Zutaten

250 g reife, entsteinte und pürierte Kirschen nach Wahl (auch selbst eingelegte)

150 ml Rahm

ca. 50 g feiner Kandiszucker

3 El Kirschsaft

2 Blatt Gelatine

Zubereitung

Die Gelatine einweichen, ausdrücken und in etwas heißem Kirschsaft auflösen, leicht auskühlen lassen, dann im Kirschpüree unterrühren. Alle weiteren Zutaten dazugeben und verrühren, bis die Masse gleichmäßig glatt ist. In die Eismaschine geben oder ca. 3 Stunden ins Tiefkühlfach stellen und etwa alle 20 Minuten mit dem Schneebesen umrühren, bis die Masse die gewünschte Konsistenz erreicht hat; ohne Eismaschine wird das Sorbet nicht so cremig.

Joghurtterrine mit Marillen

Zutaten

200 ml Südtiroler Naturjoghurt

50 g Staubzucker

Saft und Schale einer unbehandelten Zitrone

2 Blatt Gelatine, eingeweicht

¼ l geschlagener, frischer Rahm

300 g eingelegte Marillen oder Marillenkompott

200 ml Saft der eingelegten Marillen oder Marillendickfruchtsaft

Zubereitung

Den Joghurt, Zucker und die Zitronenschale gut verrühren. Die Gelatine ausdrücken, im leicht erwärmten Zitronensaft auflösen und zur Masse geben; den Rahm vorsichtig unterheben, die Masse in geeignete Förmchen geben und 4 Stunden im Kühlschrank stocken lassen.

Anrichten

Die Marillen in Spalten schneiden und den Saft auf die Teller verteilen. Die Förmchen kurz in heißes Wasser halten, die Terrinen auf die vorbereiteten Teller stürzen und mit den Marillenspalten garnieren.

Holunderbeerensorbet in Palabirnensüppchen

Holunderbeerensorbet

¼ l Holunderbeerensirup oder Holunderblütensirup
150 ml Apfelsaft

Die Sirup-Apfelsaft-Mischung für ca. 30 Minuten in eine Eismaschine geben und gefrieren lassen. Wer keine Eismaschine zur Hand hat, kann das Sorbet auch in eine Gefrierschüssel geben, ins Tiefkühlfach stellen und ca. alle 20 Minuten mit dem Schneebesen umrühren, bis es die gewünschte Konsistenz hat; ohne Eismaschine wird das Sorbet weniger cremig.

Palabirnensüppchen

3 reife, geschälte und passierte Birnen
(sofort mit dem Saft von 1 Zitrone vermischen)
¼ l süßer Apfelsaft

Den Apfelsaft auf kleiner Flamme vorsichtig erhitzen und das Birnenmus dazugeben, wenn notwendig etwas zuckern, nochmals mit dem Stabmixer kurz mixen.

Anrichten

Das lauwarme Süppchen auf geeignete Gläser verteilen und jeweils eine Kugel Sorbet dazugeben.

Vintschger Apfel- oder Palabirnenschmarren

Zutaten

3 Vintschger Golden Delicious
(für Birnenschmarren 3 reife Birnen)

200 g Dinkel- oder Vollkornmehl
(man kann die Mehlsorten auch nach Geschmack mischen)

2 mittelgroße Eier

½ l Frischmilch

1 TL Backpulver (alternativ 1 EL Weinsteinpulver)

etwas Salz

etwas Zitronensaft

hochwertiges Öl zum Ausbacken

etwas Staubzucker

Zubereitung

Die Äpfel oder Birnen schälen, das Kerngehäuse herausschneiden und die Früchte in feine Scheibchen schneiden. In eine Schüssel geben, mit etwas Zitronensaft beträufeln (bei Bedarf auch etwas Staubzucker darüberstreuen) und zugedeckt auf die Seite stellen. Die Milch, das Salz, das Back- oder Weinsteinpulver und die Eidotter in einer Rührschüssel verrühren und nach und nach das Mehl dazugeben; die Masse zu einen glatten Teig rühren. Aus dem Eiklar einen steifen Schnee schlagen und vorsichtig unterheben. Zwei Esslöffel Olivenöl in eine große Eisen- oder eine Teflonpfanne geben und erhitzen. Einen Teil der Teigmasse in die Pfanne gießen, die Hälfte der vorbereiteten Früchte dazugeben und kurz anbacken, dann umdrehen; anschließend mit zwe Holzkochlöffeln den Apfel- oder Birnenschmarren in kleinere Stücke teilen, bei schwacher Hitze schön durchziehen lassen und in einer Schüssel warm stellen. Die restliche Masse genauso verarbeiten. Den Schmarren mit Puderzucker bestäuben und warm servieren. Dazu passt wunderbar ein Glas frische warme Vintschger Bio-Milch für Kinder – und natürlich auch für Erwachsene.

Tipp

Die Pfanne nie zu heiß werden lassen; ansonsten das Öl austauschen: Das gilt der Gesundheit zuliebe für alle Gerichte.

Die Palabirne

Wer durch die Dörfer des Oberen und Mittleren Vintschgaus fährt, dem sind sie sicher schon aufgefallen, die haushohen Bäume mit dem mächtigen Stamm, meistens in Hausnähe; während der Blüte trotz der knorrigen Größe wie eine luftig leichte Blütenwolke und zur Reifezeit mit gelben Früchten im dunkelgrünen Laub: die Bäume der Palabirne. Herkunft und Bedeutung des Namens sind unbekannt, wer weiß, vielleicht ist sie ein sympathisches Überbleibsel aus dem ehemaligen Bistum Chur, das einmal bis Meran reichte. Denn bevor diese Bäume hier in unseren Gärten und Wiesen heimisch wurden, beschränkte sich der Anbau auf Klostergärten und Gutshöfe. Heute findet man diese Bäume zwischen Mals, Glurns und Naturns vorwiegend als alte Bestände, aber jetzt immer mehr auch als Neupflanzungen.

Doch so alt, wie man glaubte, sind die Bäume im Allgemeinen vielleicht auch wieder nicht, hier heimisch wurden sie wahrscheinlich erst Anfang des 17. Jahrhunderts. Der Palabirnbaum ist jedenfalls eine urwüchsige Sorte, seine Frucht, die Birne, hat eine etwas raue ledrige Schale, das Fruchtfleisch ist von grober, körniger Struktur und wenig saftig, daher ist die Palabirne gut geeignet zum Dörren. Aber nicht nur. In den 1960er-Jahren sagte ein angesehener Arzt, bekannt als Doktor Meier, der damals im Malser Spital praktizierte: „Wenn die Palabirnen reif sind, könnte ich in Urlaub gehen!“

Da die Birne auf viele Menschen heilend wirkte, wurde sie „Sommerapothekerbirne“ genannt, aber nicht etwa vom einfachen Volk, sondern eher von den wenigen „Hochwohlgeborenen“, die es in unserem schönen Tal gab. Fürs einfache Volk lieferte sie höchstens den Übernamen „Piirakropf“.

Der Palabirnbaum ist heute geschützt, leider wurde er in jüngerer Zeit arg vernachlässigt, und er führte im wahrsten Sinne des Wortes ein Schattendasein als Schattenspender.

Die schönsten Palabirnbäume stehen in Lichtenberg im Vintschgau, nicht weit entfernt von der Schweizer Grenze in Taufers im Münstertal. Vor dem restaurierten Gasthof aus dem 14. Jahrhundert „Zum weißen Rößl“ liegt eine Wiese mit Streuobst, in der – jetzt ein kleiner Golfplatz – die über hundertjährigen knorrigen Palabirnbäume stehen. Vom Baum „geklaubt“, wie man bei uns sagt, werden die Birnen selten mehr, meistens lässt man die reifen Früchte einfach abfallen. Doch aufgepasst, wenn eine abgefallene Birne im Gras auf dem Boden liegt, schön gelb leuchtend, sind meistens schon die Wespen mit der Birne beschäftigt.

Meine Großmutter machte ganz viele Spalten, „Schnitz“ genannt, ließ sie einige Tage auf dem Dachboden im Schatten trocknen, nahm eine Nähnadel und sauberen Zwirn, fädelte jede einzelne Spalte wie eine kostbare Perle auf und befestigte die Birnenschnitzkette an den Dachbalken, damit keine hungrige Hausmaus daran nagen konnte. Aus diesen „Schnitzen“ wurden zu Weihnachten die besten Zelten hergestellt oder es gab für uns Kinder zwischendurch „Schnitze“ wie heute eine Süßigkeit. Wir im Kuppelrain legen diese guten Birnen ein, um Süßspeisen für unsere Gäste herzustellen. Oder wir kochen sie zu Marmelade ein und reichen diese zum Käse. Und nicht zuletzt backen wir damit auch Birnenbrot und Schokoladenkuchen.

Wenn Sie, liebe Leser, im späten Sommer durch den Vintschgau fahren, werden Ihnen jetzt sicher die großen alten Birnbäume in den „Hausangern“ auffallen. Und Sie können ja einmal die Vintschger Volksweisheit beim Wort nehmen: „Wer Palabirnen isst, braucht keinen Doktor!“

Frische Früchte und Trockenfrüchte im Schokomantel

Frische Erdbeeren oder Himbeeren, Steinobst, verschiedene Trockenfrüchte im Winter oder auch eingelegte Früchte schmecken sehr gut mit Schokolade.

Zutaten

200 g Milchschokolade
200 g weiße Schokolade
200 g Zartbitterschokolade

Zubereitung

Die frischen Früchte wie Erdbeeren und Himbeeren vorsichtig waschen, auf ein Küchentuch zum Trocknen legen. Die Trockenfrüchte kurz in kochendes Wasser geben und durchrühren, sofort abseihen und im Sieb abtropfen lassen. Sollten Sie eingelegte Früchte wie Marillen oder Kirschen verwenden, die Früchte in einem Sieb abtropfen lassen. Bei kleinen Kindern bitte vorsichtig sein mit dem Steinobst: Am besten, Sie entfernen die Steine der Zwetschgen oder der Kirschen sofort und schließen die Früchte wieder. Sie können auch auf anderes Obst ausweichen und nur weiche Früchte wie Bananenstücke oder weich gekochte Früchte verwenden. Die Blockschokolade in kleinere Stücke schneiden und im Wasserbad schmelzen. Die Früchte in die temperierte Kuvertüre tunken, auf Papier oder ein Gitter setzen und den Schokomantel stocken lassen.

Apfel-Früchtebrot

Zutaten

1 ½ kg Äpfel

einige Feigen

getrocknete Birnenschnitten oder auch getrocknete Zwetschgen nach Belieben

100 g Wal- oder Haselnüsse

3 gehäufte EL Sultaninen

½ kg Weizen- und ½ kg Dinkelmehl

2 Eier

1 Pkg. Backpulver

Kardamom nach Belieben

etwas Kakaopulver

etwas Zimt

etwas Apfelsaft

1 Prise Salz

Wer das Früchtebrot etwas süßer haben möchte, kann auch 100 g Kandiszucker mitverarbeiten.

Zubereitung

Die Äpfel schälen, in Scheiben schneiden und in eine große Schüssel geben. Die Feigen, die getrockneten Früchte, die Nüsse und die Sultaninen fein hacken und zu den Apfelscheiben hinzufügen. Für ca. 6 Stunden durchziehen lassen und immer wieder mit den Händen vermengen.

Für den Teig das Mehl und alle übrigen Zutaten in eine große Schüssel geben und zu einem geschmeidigen Teig verarbeiten, die Apfelmasse dazugeben und alles gut mit den Händen vermischen. Sollte die Masse zu trocken sein, etwas Apfelsaft dazugeben. Sollte die Masse jedoch zu weich sein, sodass sich daraus keine kleinen „Weggelen" (Teigwecken) formen lassen, dann Semmelbrösel oder auch noch etwas Mehl hinzufügen. Aus dieser Masse etwa 10 „Weggelen" formen, auf ein mit Backpapier ausgelegtes Backblech legen und bei 170° für ca. 50 Minuten im Backrohr backen.

Tipp

Zum Aufbewahren die erkalteten „Weggelen" gut in Klarsichtfolie verpacken und in die Gefriertruhe geben. Je nach Belieben bei der Brotzeit zu einem Almkäse, zum Frühstück oder zum Kaffeekränzchen servieren.

Vintschger Schneamilch

Zutaten

1 großer, schnittfester, weißer Wecken vom Vortag

¼ l frische Vollmilch

¼ l Rahm

100 g getrocknete Rosinen

100 g Pinienkerne oder geschälte, zerkleinerte Hasel- oder Walnüsse

1 EL Kandiszucker

1 Pkg. Vanillezucker

1 Msp. Zimt

etwas Kakaopulver zum Bestäuben

Zubereitung

Die Rinde vom Brot entfernen und es in kleine gleichmäßige Würfelchen schneiden, in eine Schüssel geben und die Milch dazugießen. Milch und Brot durcharbeiten, aufweichen und durchziehen lassen. Die Rosinen in lauwarmem Wasser waschen, abseihen, nochmals 10 Minuten in heißes Wasser geben, wieder abseihen und abtropfen lassen. Den Rahm steif schlagen. Das mit Milch durchzogene Brot leicht ausdrücken, den Kandis- und Vanillezucker sowie die Rosinen und Pinienkerne gut untermischen, den Rahm vorsichtig unterheben.

Anrichten

Die Masse mithilfe kleiner Ringe auf Tellern anrichten, Zimt und Kakaopulver darübersieben und mit selbst gemachtem Kompott servieren.

Tipp

Die Vintschger Schneamilch wird in jedem Dorf und in jedem Vintschger Seitental immer wieder anders zubereitet. Die Rosinen können auch in Rum oder in Fruchtdestillat eingelegt werden, aber nur, wenn die Schneamilch nicht für Kinder zubereitet wird!

Holunderblütenküchel in Vanillesauce

Zutaten

12 Holunderblütendolden
¼ l Milch
180 g (Dinkel-)Mehl
2 Eier
1 Prise Salz
Traubenkernöl zum Ausbacken
etwas Staubzucker zum Bestreuen

Zubereitung

Die Eier trennen und das Eiweiß steif schlagen; Milch, Eigelb und Mehl zu einem Teig verrühren, salzen und das Eiweiß vorsichtig unterheben. Die Holunderblüten säubern und den dicken grünen Stängel so kurz wie möglich abschneiden, darauf achten, dass die Holunderdolden nicht auseinanderfallen. Die Dolden in den Backteig tauchen und in reichlich Öl ausbacken, bis sie goldbraun sind. Auf einem Küchentuch oder Küchenkrepp abtupfen und mit etwas Staubzucker bestreuen.

Vanillesauce

⅛ l Milch
1 Eidotter
Mark einer Bourbon Vanilleschote
1 TL Kartoffelstärke
etwas Zucker

Die Zutaten in einer Schüssel vermengen und über Wasserdampf schaumig aufschlagen.

Anrichten

Die Vanillesauce in die Mitte des Tellers geben, die Holunderblütenküchel darauf anrichten und mit etwas Staubzucker bestreuen.

Tipp

Zu den gebackenen Holunderblütenkücheln passt ausgezeichnet eine Kugel Vanilleeis und dazu ein Glas Südtiroler Goldmuskateller.

Laaser Marmorwürfel

Zutaten für ein Backblech

350 g Mehl

8 Eier

100 g Zucker

100 g geriebene Hasel- oder Walnüsse
(oder die getrockneten, aufgebrochenen Kerne der Vintschger Marille)

80 g Maisstärke

geriebene Zitronen- oder Orangenschale einer unbehandelten Frucht

1 Prise Salz

Zum Bestreichen und Füllen

selbst gemachte Vintschger Marillenmarmelade,

Preiselbeermarmelade

Glasur

200 g Staubzucker

Saft einer reifen Zitrone

Zubereitung

Das Backblech mit Backpapier auslegen, den Backofen auf 170° vorheizen. Die Eier mit dem Zucker in eine Rührschüssel geben und über Wasserdampf schaumig aufschlagen. Alle anderen Zutaten unter ständigem Rühren langsam einarbeiten, zuletzt die Nüsse dazugeben. Die Masse gleichmäßig auf einem Backblech verteilen und bei 170° 30 Minuten goldgelb backen. Für die Zuckerglasur den Staubzucker mit dem Zitronensaft zu einer festen, aber cremigen Masse verrühren. Den erkalteten Kuchen in beliebige Quadrate oder Dreiecke schneiden, mit den Marmeladen abwechselnd bestreichen, aufeinanderschichten. Die oberste Schicht mit glatter Marillenmarmelade bestreichen (dafür die Marmelade vorher durch ein Sieb streichen) und mit weißer Zuckerglasur überziehen.

Die Idee zu diesem Rezept stammt von Monika Priester.

Tipp

Wir empfehlen, alle Zutaten für unsere Rezepte soweit erhältlich aus biologisch-kontrolliertem Anbau zu beziehen. Schokolade, Gewürze, Bananen usw. in Fair-Trade-Geschäften der Dritten Welt kaufen. Dann schmeckt alles nochmal so gut.

Der Vintschger Herbst: Eis und Schnee auf den Bergen,
während im Tal die Golden Delicious mit den roten Bäckchen reifen

Winter-Calwill, eine Rarität.
Laaser und Göflaner Marmor aus dem Vintschgau

Mamas Marillenmarmeladekrapfen

Zutaten

400 g Weizenmehl
100 g Roggenmehl
100 g Südtiroler Qualitätsbutter
⅛ l frische Milch
1 Ei
1 Pkg. Vanillezucker
1 Prise Salz
1 Eidotter zum Bestreichen
feste Marillenmarmelade zum Füllen
Palmöl oder Kokosfett zum Ausbacken
etwas Staub- oder Traubenzucker zum Bestreuen

Zubereitung

Aus den Zutaten einen Teig kneten und 30 Minuten ruhen lassen. Den Teig vierteln, dünn ausrollen oder mit der Nudelmaschine dünne Teigblätter austreiben, zur Hälfte mit Eidotter dünn bestreichen, mit einem Teelöffel kleine Häufchen der Marillenmarmelade daraufgeben, mit dem anderen Teigblatt zudecken. Den Teig mit den Fingerspitzen andrücken und mit dem Krapfenrad viereckige Krapfen ausradeln. In nicht zu heißem Backfett beidseitig goldgelb ausbacken, auf ein Küchentuch geben, das Fett gut abtropfen lassen. Vor dem Servieren mit Staub- oder Traubenzucker bestreuen.

Zwetschgenschnitten

Zutaten für ein Backblech

1 ½ kg Zwetschgen
500 g Mehl
250 g Südtiroler Qualitätsbutter
250 g Zucker
3 mittelgroße Eier
1 Pkg. Vanillezucker
1 Pkg. Backpulver

Zubereitung

Die gewaschenen Zwetschgen halbieren, entsteinen und vierteln. Die Butter, die Eier und den Zucker schaumig rühren, nach und nach das Mehl und den Vanillezucker und das Backpulver hinzugeben. Den Teig auf das gebutterte und mit Mehl bestäubte Backblech gleichmäßig verteilen, glatt streichen und die Zwetschgen schön auf dem Teig verteilen. Im vorgewärmten Backofen bei 180° ca. 30 Minuten nicht zu dunkel backen. Den noch heißen Kuchen mit Zwetschgenmarmelade bestreichen, sollten Sie keine zur Hand haben, dann schmeckt auch Marillenmarmelade. Das Rezept eignet sich auch für Marillen- oder Apfelschnitten.

Dieses Rezept stammt von Bruder Gallus
aus dem Benediktinerkloster Marienberg bei Burgeis.

Weitergabe von Geheimnissen aus der Marienberger Klosterküche

Schloss Kastelbell im Winter

Nathalie und Kevin mit Freunden bei der Weihnachtsbäckerei

Weiße Schokoladentrüffel

Zutaten für 30 Stück

140 g weiße Blockschokolade
100 g Milchschokolade
60 ml frischer Rahm
80 g Kokosraspel
1 Pkg. Vanillezucker

Zubereitung

Die beiden Schokoladensorten in eine Schüssel geben und bei kleiner Hitze im Wasserbad schmelzen lassen. Den Vanillezucker dazugeben und die Schokolade auskühlen lassen, den steif geschlagenen Rahm vorsichtig unterheben. Sollte die Masse nicht fest genug sein, um daraus mit zwei Teelöffeln kleine Bällchen zu formen, nochmals in den Kühlschrank stellen. Die geformten Bällchen in Kokosraspeln wälzen und vollständig damit überziehen. Bis zum Servieren im Kühlschrank aufbewahren.

Tipp

Für unterschiedliche Schokotrüffel kann man die Bällchen auch in Kakaopulver oder Puderzucker wälzen.

Kuppelrains Kinderplätzchen

Zutaten
220 g Weizenmehl
50 g Vollkorndinkelmehl
160 g kühle Südtiroler Qualitätsbutter
70 g Zucker
1 Ei
1 Eidotter
1 Pkg. Vanillezucker
1 TL Backpulver
1 Prise Salz
etwas Mehl zur Verarbeitung

Zubereitung
Aus den Zutaten einen glatten Teig kneten; sollte der Teig zu weich sein, etwas Mehl einarbeiten. Den Teig in Klarsichtfolie wickeln und 30 Minuten kalt stellen. In der Zwischenzeit die Backbleche mit Backpapier auslegen. Den Teig auf einer mit Mehl bestäubten Arbeitsfläche nicht zu dünn ausrollen, runde kleine Plätzchen ausstechen, aufs Backblech legen und bei 180° im vorgeheizten Backofen 9 Minuten hell backen. Diese Plätzchen schmecken besonders gut mit hausgemachter Marmelade. Die Kinder können sie auch mit Schokolade verzieren.

Schokoladenplätzchen.

Zutaten: 100. gr. Schokolade

125. gr Butter, 3 Eier, 100 gr Zucker,

50 gr Mehl, 50 gr gehackte Nüsse

Schokolade u. Butter in einen kleinen Topf geben u im Wasserbad flüssig werden lassen, Eier mit dem Zucker zu einer hellgelben, dickschaumigen Masse rühren, Die flüssige Schokolade dazugeben und unterheben, Zum Schluss das Mehl und die Nüsse in den Teig rühren

Ofen auf 175 grad vorheizen

10 Minuten backen.

von Foni

[illegible]

Ein Bett für die Nacht im Kuppelrain

Restaurant Kuppelrain
Sonya Egger & Jörg Trafoier
Bahnhofstraße 16
39020 Kastelbell
Südtirol – Italien

Telefon: +39 0473 624103
E-Mail: info@kuppelrain.com
Webseite: www.kuppelrain.com

Kuppelrain